U0009957

THE THREE KINGDOMS

魏
蜀 吳

監修
早稻田大學文學學術院教授
渡邉義浩

編著
入澤宣幸

裝訂、設計
修水

繪者
神武廣慶（p46,48,50,52,54,56,58,76,78,80,86,88,90,92,94,100,112,114,
116,118,120,122,124,126,138,140,142,146,152,160）
青人（p82,128,159,162）／雨傘（p72,136）
甘黨一斗（p99,106,107,150）／菊屋志郎（p130）
喜久家系（p85,132,133,145,166,169,177）
坪井亮平（p60,83,97,129）
totomaru（p104,105,154,156,163,170,171,179,184-187）
冨田智美（p61,67,84,96,158）／nachiko（p62,98,131,167,175）
山下琴星（p64,74,110,149,157,168,173）
霙飯（p68,69,70,71,103,144,172,178）
moturu（p134,148,151,164,165）／雪濱（p73,102,108,135,176）
渡里（p63,109,155,180-183）／miska（p65,66）

照片提供
Photolibrary（p51,57,123,139）
PIXTA（p38,40,47,53,55,59,77,79,87,93,113,119,127,141）

主要參考資料
《三國志導覽》（新潮社）／《三國志事典》（大修館書店）
《三國志演義1～4》（講談社）／《三國志人物事典上・中・下》（講談社）
《三國志3000人》（世界文化社）／「歷史群像」系列《演義三國志》（學研）
「歷史群像」系列《群雄三國志》（學研）／《三國志人物大事典》（西東社）
《世界史劇場正史三國志》（Beret出版）／《詳說世界史研究》（山川出版社）
《中國王朝四〇〇〇年史》（新人物往來社）

編輯協助
Sideranch

校閱、校正
蒼史社／望出版

編輯人員
渡邊雅典

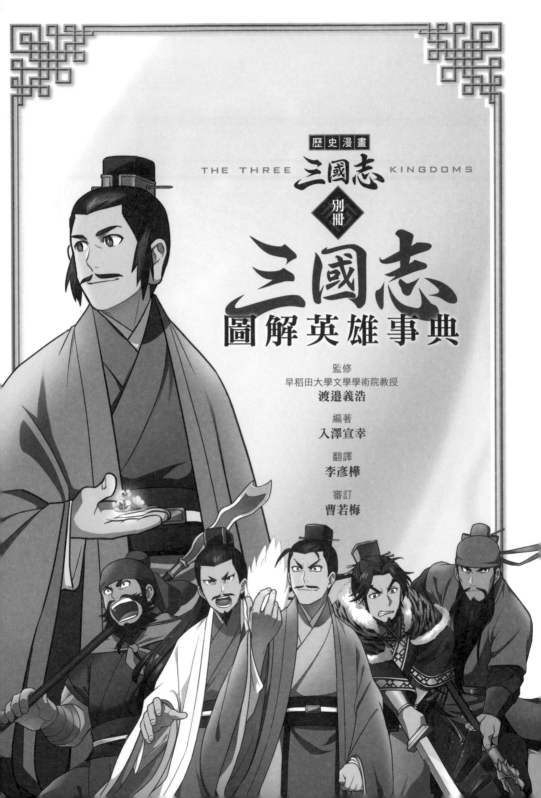

歷史漫畫

THE THREE KINGDOMS 三國志

別冊

三國志
圖解英雄事典

監修
早稻田大學文學學術院教授
渡邉義浩

編著
入澤宣幸

翻譯
李彥樺

審訂
曹若梅

目次

三國志地圖與戰役　19

三國志人物傳　44

蜀 劉備軍 ···························· 45

魏 曹操軍 ···························· 75

《三國志》與日本

三國志 概述 —————

　　從西元184年爆發黃巾之亂，到西元280年晉朝（西晉）統一天下，這中間大約100年的時間，歷史上稱為「三國時代」，記錄這段期間歷史的書籍，通常指的是正史《三國志》或小說《三國演義》，兩者皆記載了許多三國的故事，本書所介紹的歷史人物及其事蹟，主要是依據後者《三國演義》。

　　鎮壓黃巾之亂的群雄當中，曹操（西元155～220年）、劉備（西元161～223年）和孫權（西元182～252年）這三名軍事領袖逐漸嶄露頭角。曹操奠定了魏國（西元220～265年）的基礎，劉備建立了蜀國（又稱蜀漢，西元221～263年），孫權則建立了吳國（西元229～280年）。三國時代裡，魏、蜀、吳三國和其他勢力的將領們，無不竭盡所能想要統一天下，有時互相牽制，有時又互相攻伐，編織出一段又一段精采的三國故事。

三國時代前的中國歷史

　　大約在西元前 5000 年，人類社會進步開化，在黃河流域和長江流域開始有了文明。當時的人會製作一種紅底黑紋的陶器，後人稱之為「彩陶」；一段時期之後，陶器的製作改變為陶壁較薄、帶有光澤，且表裡漆黑的風格，後人稱之為「黑陶」。根據發現遺跡的地名，「彩陶文化」又稱為「仰韶文化」，「黑陶文化」又稱為「龍山文化」。

　　到了西元前約 1600 年，名為「殷商」的政權出現，初期相當繁榮興盛，但到了西元前 11 世紀，紂王即位，實施各種殘暴不仁的政策，人民苦不堪言，此時西北方一個名為「周」的王朝建立，周武王起兵討伐紂王，在西元前 1050 年左右消滅殷商，建立周朝。世界上絕大部分的國家都曾發生這樣的朝代更迭，像日本那樣由天皇一脈相傳的歷史，可說是相當罕見。

　　到了西元前 8 世紀，周朝日

約西元前 5000 年～ 前 3000 年	約西元前 2500 年～ 前 2000 年	約西元前 1600 年	約西元前 1050 年
彩陶（仰韶）文化繁榮時期。	黑陶（龍山）文化繁榮時期。	殷商崛起。	周崛起。

漸衰敗，各地諸侯國互相征戰，進入春秋戰國時代。其中位於西方的秦國越來越強盛，西元前221年，秦王嬴政統一天下，開創秦朝，嬴政自稱「始皇帝」（後人稱其為「秦始皇」），推動各種嶄新的政策，但由於嚴刑峻法，逐漸失去民心，各地發生叛亂，導致秦朝在短短15年間就滅亡了。

後來由漢高祖劉邦再度一統天下，建立漢朝（西漢），疆域廣及中亞、越南北部和朝鮮半島。漢朝中間一度遭「新朝」取代，但不久後，皇族子孫劉秀（光武帝）成功復興漢朝，建立東漢。

漢朝（西漢和東漢）前後共維持了400多年的繁榮，然而東漢末期，朝政逐漸腐敗，「黃巾之亂」爆發，為三國故事的時代揭開序幕。自稱漢朝皇族子孫的劉備，為了匡復漢朝而招募義勇軍，舉兵欲爭奪天下。

約西元前770年	西元前403年	西元前221年	西元前206年	西元前202年	西元9年	西元25年	西元184年
進入春秋時代。	進入戰國時代。	稱其為「秦始皇」）。秦王嬴政統一天下，自稱始皇帝（後人	秦朝滅亡。	劉邦建立漢朝（西漢）。	王莽建立新朝。	劉秀復興漢朝，建立東漢。	爆發黃巾之亂。

《三國志》與《三國演義》

正史《三國志》

◆由晉朝人編寫的史書

中國古代每當朝代更迭，新朝代的朝廷便會派人將舊朝代的歷史記錄成冊，稱為「正史」，《三國志》正是由晉朝人編寫的正史。正史的定義，是「新朝廷所承認的正統歷史」。

由於晉朝是誕生於魏國之後的朝代，所以《三國志》是以魏國的歷史作為正統。作者陳壽（西元 233～297 年）為朝廷史官，雖然是蜀地出身，但通篇內容的立場客觀，文筆也相當樸實。

◆內容結構為紀傳體

以人物傳記為中心而編撰的史書體裁，稱為「紀傳體」。其中，「本紀」用以敘述帝王事蹟，「世家」用以記述王侯封國，「表」用以排比大事，「書（志）」用以記載典章制度，「列傳」則用以記載人物。歷代所編修的正史，多採用此一體例。

《三國志》中僅對魏國皇帝各立了「本紀」，全書雖名為「志」，但書裡只有「紀」和「傳」，而沒有「志」和「表」。

◆包含關於日本的記載

《三國志》的內容包含〈魏書〉三十卷、〈蜀書〉十五卷和〈吳書〉二十卷。其中〈魏書·東夷傳倭人條〉（又稱〈魏志倭人傳〉）中，包含了關於日本古代，由女王卑彌呼所統治的邪馬臺國的記載（詳見第 179 頁）。

◆裴松之增加注解

《三國志》的內容記載雖然客觀但過於簡略，因此後來南朝宋的裴松之（西元 372～451 年）奉皇帝之命，為這本史書補充注解。裴松之援引相關文獻資料，書目達兩百一十種，加入大量內容，讓後人能更加了解三國時期中每個人物的性格，及每場戰役背後所代表的意義。

《三國志》與《三國演義》兩者有何不同？
又各有什麼特色呢？

小說《三國演義》

◆為「正史」增添情節

三國故事除了記載在「正史」中的正統歷史事件，還散見於蒐羅民間鬼怪、神仙方士等奇妙傳說的《搜神記》（東晉干寶著），以及敘述人物趣聞、文人思想言行和上層社會生活面貌的《世說新語》（南朝宋劉義慶編纂）等古籍中。這些正史中未見的三國故事，長年在坊間流傳，後來都被收進小說《三國演義》。

此外，《三國演義》中出場的人物眾多，無論是戰場上英勇抗敵的猛將，或是溫柔可人的美人，個個形象鮮明，總計超過千人以上，其中不乏多位在歷史上真有其人，且有相關史實可供考證。

◆在街頭說書表演

到了宋朝（西元 10～13 世紀），「說三分（專說三國故事）」成為民間相當熱門的表演題材，由說書人在街頭劇場講述三國故事，有時也會以戲劇方式來呈現。聽眾大多希望以蜀國劉備為正統，故事裡逐漸增加了許多「雖然不是史實，但有可能發生或聽眾希望發生」的劇情。

◆由羅貫中修潤整理

到了元朝（西元 13～14 世紀），坊間開始流行以「說三分」的劇本配上生動插畫的娛樂書籍《三國志平話》，這部作品的頁面上方為插畫，下方為文字，內容包含許多荒誕不經的情節，例如諸葛亮能施展各種稀奇古怪的法術。

到了西元 14 世紀，戲曲小說家羅貫中將《三國志平話》重新修潤及整理，以蜀國劉備為正義的一方作為全書主軸，結合英雄們以生命交織的精采情節，編纂成了長篇章回小說《三國志通俗演義》，也就是一般常說的《三國演義》。

三國時代的社會狀況

◆百姓大多為農民，群雄則大多為朝廷官僚

　　三國時代的百姓絕大部分務農維生，而竄起的群雄們則多半為東漢朝廷官吏。漢朝設有「舉孝廉」之制，地方官員可向朝廷舉薦孝順父母、清廉方正等具仁德之士，受推薦者若獲得任用，便能在朝廷擔任官職，像是曹操，就是二十歲時獲得「孝廉」採用的傑出人才，而袁紹、孫權的父親孫堅，則原本就是官吏出身。

　　新進的官吏通常會從皇帝近侍做起，一段時間後才會派任至地方擔任縣或郡的首長。待累積足夠經驗之後，部分官吏會被調回中央，若能力優秀或具有良好的家世，則有機會升任三公、九卿之類的高官。

◆東漢末期，「內廷」開始掌握大權

　　東漢皇帝為了讓政務全掌控在自己手中，設置了「內廷」制度，但到了東漢末年，內廷權力卻過於強大，尤其是通常由外戚（皇帝母親或妻子的親族）擔任的「尚書」，與由宦官（太監，服務於宮廷之中，受過閹割的男人）擔任的「中常侍」，經常會為了掌握政治主導權而互相爭鬥。

古代人名的結構

　　古代人的名字包含三個要素，分別為姓、名和字，尊長或君主會用「名」來稱呼晚輩或部下，一般人若對其他人以「名」相稱，則是一件相當失禮的事。

　　不過，居上位者有時會對居下位者稱「字」而不稱「名」，以表示禮敬之意，例如劉備有時會稱諸葛亮為「孔明」。

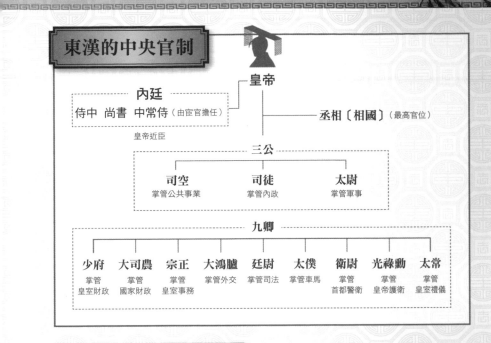

東漢的中央官制

皇帝

內廷
侍中　尚書　中常侍（由宦官擔任）
皇帝近臣

丞相〔相國〕（最高官位）

三公

司空	司徒	太尉
掌管公共事業	掌管內政	掌管軍事

九卿

少府	大司農	宗正	大鴻臚	廷尉	太僕	衛尉	光祿勳	太常
掌管皇室財政	掌管國家財政	掌管皇室事務	掌管外交	掌管司法	掌管車馬	掌管首都警衛	掌管皇帝護衛	掌管皇室禮儀

東漢的地方行政制度

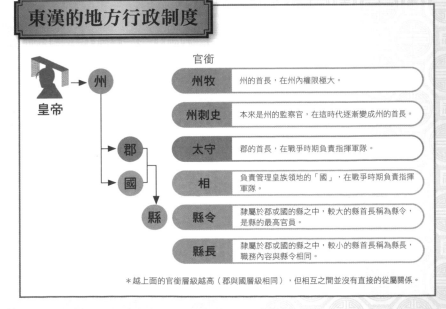

皇帝 → 州 → 郡 → 縣
　　　　　　　國

官銜

州牧	州的首長，在州內權限極大。
州刺史	本來是州的監察官，在這時代逐漸變成州的首長。
太守	郡的首長，在戰爭時期負責指揮軍隊。
相	負責管理皇族領地的「國」，在戰爭時期負責指揮軍隊。
縣令	隸屬於郡或國的縣之中，較大的縣首長稱為縣令，是縣的最高官員。
縣長	隸屬於郡或國的縣之中，較小的縣首長稱為縣長，職務內容與縣令相同。

＊越上面的官銜層級越高（郡與國層級相同），但相互之間並沒有直接的從屬關係。

《三國志》年表

年	東漢 其他群雄	蜀 劉備
155		
156		
161		👤 劉備出生。
168	👤 第十二代皇帝靈帝即位。	
179		
181	👤 劉協（獻帝）出生。	👤 諸葛亮出生。
182		
184	🔥 爆發黃巾之亂。	👤 劉備、關羽、張飛於桃園三結義。 ❗ 劉備率義勇軍討伐黃巾賊。
187		
189	👤 少帝即位。 ❗ 董卓廢少帝，擁立獻帝。	
190	🔥 群雄討伐董卓。	🔥 汜水關一戰中獲勝。 🔥 虎牢關一戰中不分勝負。
	❗ 董卓焚毀洛陽，遷都長安。	
192	❗ 呂布殺死董卓，但遭李催等人擊敗，逃	
193	離長安。	
194		❗ 陶謙將徐州治理權讓給劉備。
195	❗ 呂布遭曹操擊敗，投靠劉備。	
196	🔥 呂布背叛劉備，奪取徐州。	❗ 劉備遭呂布奪走徐州，只好投靠曹操。
197	❗ 袁術稱帝，定國號為仲。	
198	❗ 呂布在下邳遭曹操、劉備擊敗並處死。	🔥 曹操與劉備結盟，
199	🔥 袁紹攻打公孫瓚。	
200		🔥 劉備遭曹操擊敗。 ❗ 關羽委身曹營。
	🔥 袁紹遭曹操擊敗。	
201		❗ 劉備投靠荊州劉表。
205		
207		👤 劉禪出生。 🔥 劉備靠著徐庶的計謀戰勝曹仁。

12

魏 曹操	吳 孫堅、孫策、孫權
曹操出生。	
司馬懿出生。	
	孫權出生。
→ 曹操參與討伐黃巾賊。	
	→ 孫堅參與討伐黃巾賊。
曹丕出生。	
→ 榮陽一戰中落敗。	
	→ 孫堅參與討伐董卓盟軍。
曹操於青州掃蕩黃巾賊餘黨。	孫堅於攻打劉表時戰死。
曹操為報父仇,於徐州展開屠殺。	
→ 曹操自呂布手中奪回兗州。	
迎接獻帝至許都。	
曹操遭張繡擊敗。	
戰勝呂布。	
	孫策表現活躍,成功平定江東。
→ 曹操攻打背叛他的劉備。	孫策逝世,由孫權繼承其地位。
→ 曹操於白馬、官渡戰役中擊敗袁紹。	
→ 曹操在汝南擊敗劉備。	
曹操擊敗袁紹之子,平定河北。	
→ 曹操用計招降徐庶,徐庶向劉備舉薦諸葛亮。	

13

年	東漢 其他群雄	蜀 劉備
208		❗ 劉備三顧茅廬，延攬諸葛亮。
		🔥 張飛、趙雲的英勇表現，讓劉備平安撤退。◀
		❗ 與孫權結盟。
		🔥 赤壁之戰中獲勝。◀
209		❗ 劉備任荊州牧，娶孫夫人為妻。
211		
214		❗ 劉備自劉璋手中奪取益州。◀
215		
216		
217		❗ 劉備進軍漢中。
219		🔥 劉備軍於定軍山一戰中擊敗曹操軍。◀
		❗ 劉備自立為漢中王。
		❗ 關羽與孫權軍交戰，兵敗慘遭殺害。◀
220	❗ 東漢滅亡。	
221		👤 劉備稱帝，建立蜀國。
222		🔥 劉備軍在夷陵一戰中遭孫權軍擊敗。
223		👤 劉備病逝。
224		❗ 蜀、吳結盟。
225		🔥 諸葛亮開始南征。
226		
227		❗ 諸葛亮上呈《出師表》給劉禪。
		❗ 諸葛亮自漢中伐魏，招降姜維（第一次北伐）。
228		🔥 馬謖遭張郃擊敗。◀
		❗ 諸葛亮揮淚斬馬謖。
		🔥 諸葛亮進攻陳倉（第二次北伐）。◀
229		🔥 諸葛亮平定武都、陰平（第三次北伐）。◀
231		🔥 諸葛亮雖戰勝司馬懿，最後仍是退兵（第四次北伐）。◀
234		🔥 五丈原之戰（第五次北伐）。◀
		👤 諸葛亮病逝，蜀軍撤退。
237		
249		
252		
253		🔥 姜維北伐。
263		❗ 劉禪歸順魏國，蜀國滅亡。
265		
280	❗ 晉朝統一天下。	

14

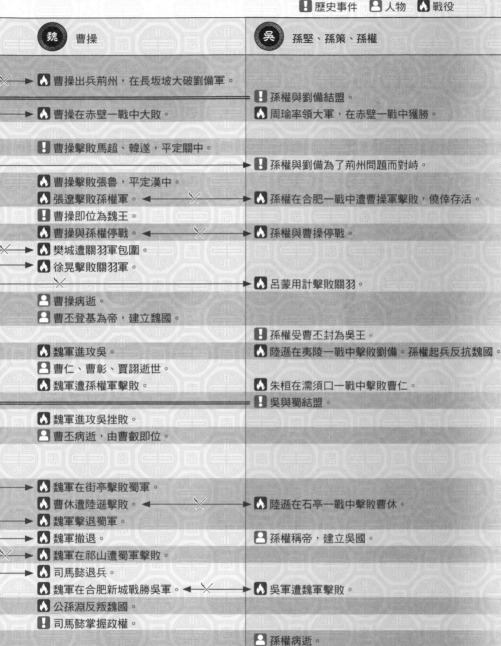

魏 曹操	吳 孫堅、孫策、孫權
🔥 曹操出兵荊州，在長坂坡大破劉備軍。	
	🟥 孫權與劉備結盟。
🔥 曹操在赤壁一戰中大敗。	🔥 周瑜率領大軍，在赤壁一戰中獲勝。
🟥 曹操擊敗馬超、韓遂，平定關中。	
	🟥 孫權與劉備為了荊州問題而對峙。
🔥 曹操擊敗張魯，平定漢中。	
🔥 張遼擊敗孫權軍。	🔥 孫權在合肥一戰中遭曹操軍擊敗，僥倖存活。
🟥 曹操即位為魏王。	
🔥 曹操與孫權停戰。	🔥 孫權與曹操停戰。
🔥 樊城遭關羽軍包圍。	
🔥 徐晃擊敗關羽軍。	
	🔥 呂蒙用計擊敗關羽。
🟦 曹操病逝。	
🟦 曹丕登基為帝，建立魏國。	
	🟥 孫權受曹丕封為吳王。
🔥 魏軍進攻吳。	🔥 陸遜在夷陵一戰中擊敗劉備。孫權起兵反抗魏國。
🟦 曹仁、曹彰、賈詡逝世。	
🔥 魏軍遭孫權軍擊敗。	🔥 朱桓在濡須口一戰中擊敗曹仁。
	🟥 吳與蜀結盟。
🔥 魏軍進攻吳挫敗。	
🟦 曹丕病逝，由曹叡即位。	
🔥 魏軍在街亭擊敗蜀軍。	
🔥 曹休遭陸遜擊敗。	🔥 陸遜在石亭一戰中擊敗曹休。
🔥 魏軍擊退蜀軍。	
🔥 魏軍撤退。	🟦 孫權稱帝，建立吳國。
🔥 魏軍在祁山遭蜀軍擊敗。	
🔥 司馬懿退兵。	
🔥 魏軍在合肥新城戰勝吳軍。	🔥 吳軍遭魏軍擊敗。
🔥 公孫淵反叛魏國。	
🟥 司馬懿掌握政權。	
	🟦 孫權病逝。
🟥 司馬炎篡位，建立晉國，魏國滅亡。	
	🟥 孫皓降晉，吳國滅亡。

關羽因生前的功業與忠義的形象,死後被民間神格化,備受中華文化推崇。

結拜為兄弟的劉備、關羽、張飛三人,依年齡關羽為二哥,所以民間俗稱他為「關二爺」、「關二哥」;另因後世將關羽視為神祇膜拜,所以又有「恩主公」、「武聖關公」、「關聖帝君」等稱呼。

授權提供:小熊b

北 行天宮

位於臺北,又稱「恩主宮廟」,恭奉關羽為主神,香火鼎盛,是頗富盛名的關帝廟。

北 普天宮

位於新竹,建有高度近40公尺的巨大關公神像。

©lienyuan lee Wikimedia Comm

©Tess1223 - Wikimedia Commons

祀典武廟

位於臺南，俗稱「大關帝廟」，是全臺唯一享有祀典的武廟，內政部於1983年將其列為國定古蹟。

嘉邑鎮天宮

位於嘉義，廟堂之上建有巨型的桃園三結義三人塑像，中為劉備，其左側為關羽，右側為張飛。

授權提供：嘉義市政府

關羽神像紅光滿面，象徵忠誠與正直；眼尾朝上翹起的丹鳳眼，眉頭低、眉尾高的臥蠶眉形，相傳為英明卓越之士的特徵；上脣兩絡與下脣三絡的五龍鬚，代表其綿延不絕的忠義精神。據說關羽鬚長1尺8寸，為歷史上有名的「美髯公」。

巨大關羽像

2016年，中國湖北省荊州市的關羽公園裡，豎立起一座巨大的關羽像，包含臺座高達58公尺。
Lim Xiu Xiu / Shutterstock.com

三國志
在世界

不僅在臺灣，東亞各國也有許多熱門的三國景點。

終於找到曹操之墓？

2009年，考古學家研判中國河南省的「西高穴二號墓」極有可能就是曹操的墳墓，墓中除了疑似曹操的骸骨外，還有陪葬的武器、生活用品和珍寶。三國時代遺跡的考古是相當熱門的主題。

©Rolfmueller／Wikimedia Commons

日本最古老的關羽像

位於日本京都市大興寺的關羽像，據傳是日本最古老的關羽像。這尊關羽像於中國宋朝時製造，推測當年應是以貿易船運至日本。

祭拜關羽的關帝廟

忠臣義士關羽在東亞廣受推崇，各地都有以關羽為武神或商業之神奉祀的關帝廟。上圖的關帝廟位於日本兵庫縣神戶，下圖則位於日本神奈川縣橫濱。

照片提供：Photolibrary

照片提供：Photolibrary

東漢末年的中國

（推測西元 190 年左右的勢力範圍）

西元前 202 年，劉邦（漢高祖）建立漢朝。西元 9 年，漢朝曾一度遭王莽建立的新朝取代，17 年後，由皇族後裔劉秀（漢光武帝）重新匡復漢朝。

後人習慣稱新朝前的漢朝為「西漢」，新朝後的漢朝為「東漢」，兩者合稱「兩漢」，長達 400 多年。

東漢朝廷在治國策略上相當重視儒家教誨。「儒家」是孔子創始的一派思想，非常注重禮節，鄰近的日本，其道德觀也受到儒家的影響。

進入西元 2 世紀後，東漢政局動盪，亂象橫生，多次出現皇帝幼年即位的狀況，加上外戚與宦官間激烈的爭權鬥爭，著重儒家思想的學者和官吏時常受到打壓。

隨著各地豪族勢力的日益壯大，地方上的政治也變得不平靜，長年受苛政與重稅所苦的農民們，終於揭竿起義。

關羽的出身地

董卓的出身地

涼州

黃河

隴西郡臨洮縣

● 成都

益州

長江

州地圖與
主要群雄出身地

＊出身地亦可能指籍貫。

呂布的出身地

劉備、張飛的出身地

幽州

涿郡涿縣

黃河

五原郡九原縣

冀州

諸葛亮的出身地

并州

青州

兗州

河東郡解縣

瑯琊國陽都縣

徐州

長安

洛陽

沛國譙縣

司隸

豫州

長江

汝南郡汝陽縣

曹操的出身地

袁紹、袁術的出身地

吳郡富春縣

孫堅的出身地

揚州

荊州

黃河以北的地區稱為「河北」，黃河以南的地區稱為「河南」；長江以北的地區稱為「江北」，長江以南的地區稱為「江南」，長江下游流域稱為「江東」。

交州

西元**184**年

百姓的怒火終於爆發
黃巾之亂

涼州

● 成都

益州

東漢末年不僅政局紊亂,對百姓的課稅極重,加上天災頻傳,農民生活困苦,各地經常發生叛亂,黃巾之亂正是其中之一。

黃巾之亂以宗教組織「太平道」的首領張角為首,由於教眾的頭上都綁有一塊黃布,所以又被稱為「黃巾軍(賊)」。

他們打著「蒼天已死,黃天(張角的自稱)當立」的口號四處作亂,逐步演變成遍及河北一帶的重大叛亂事件。

東漢朝廷雖嘗試派兵鎮壓,但兵力不足,因此轉向招募義勇軍,各地豪族紛紛加入討伐黃巾賊的行動。

所幸張角及其黨羽張寶、張梁不久後相繼病逝,在各方勢力共同努力下,黃巾之亂終獲得平定。

然而這場叛亂也導致東漢朝廷的約束力更加薄弱,慢慢形成群雄各據一方的局面。

❶張角舉兵

張角

❷劉備舉兵

劉備

幽州

涿縣

曲陽

井州

鉅鹿

❺張寶遭擊敗

冀州

青州

兗州

❹張梁遭擊敗

長安

洛陽

司隸

穎川

徐州

張梁

宛城

豫州

❸曹操登場

曹操

❻孫堅登場，擊敗黃巾賊餘黨

揚州

孫堅

荊州

交州

黃巾之亂
主要交戰地點

三國志地圖與戰役　黃巾之亂

23

西元190～191年

諸侯同心協力

結盟討伐董卓

　　曾參與討伐黃巾賊的董卓，在大將軍何進遭到宮中宦官謀殺時，趁亂掌控年幼的少帝和其弟弟陳留王，進而廢黜少帝，改立陳留王登基為獻帝。

　　董卓從此把持朝政，無視群臣存在，更為搶奪財物和女子胡亂殺人，為所欲為。這些罔顧禮法的舉動引發眾怒，群雄（諸侯）紛紛起兵欲討伐董卓。

　　各路諸侯以名門出身的袁紹為首，組成討伐董卓盟軍，董卓則派出號稱最強猛將的養子呂布，率兵前往迎擊。

　　之後，董卓察覺戰況失利，於是放火焚毀洛陽城，將首都遷往長安，臨走之際，還挖掘皇族陵墓，取走大量財物。

　　另一方面，討伐董卓的盟軍在打倒董卓前，也因與袁紹和袁術間的衝突加劇而解散。

馬騰

呂布

涼州

董卓

益州

●
成都

關羽　劉備　張飛　公孫瓚

幽州

冀州

青州

并州
張楊　韓馥　鮑信　孔融
喬瑁　　劉岱　袁遺
司隸　王匡　兗州
　長安　洛陽　張邈　徐州　曹操
　許　孔伷　陶謙　張超
豫州
南陽　　建業

袁術

荊州
　長沙　揚州
孫堅

交州

袁紹

結盟討伐董卓
的各路諸侯

曹操挾天子以令諸侯

討伐董卓盟軍解散後，董卓惡行變本加厲，司徒王允以養女貂蟬設下「美女連環計」，慫恿並誘使呂布殺死董卓。

董卓死後，部將李傕與郭汜擁兵自重，擊敗王允和呂布，在長安燒殺擄掠，儼然取代了董卓的地位。

另一方面，原本受董卓擁立的獻帝，則趁李傕與郭汜兩人起內鬨時，帶著少數隨從逃離長安，回到舊都洛陽。

曹操得知消息之後，聽從軍師荀彧的建議，將獻帝帶往自己的根據地許，並且將許定為首都，此後許又名「許都」。

曹操更進一步操控獻帝，並假借獻帝名義，掃蕩群雄勢力，成功打倒呂布。

不過，袁紹在河北地區的勢力越來越龐大，曹操想要統一天下的路還很漫長。

馬騰

涼州

張魯

漢中

成都　　劉璋

益州

公孫瓚

幽州

黃河

冀州

井州

青州

袁紹

鄴

兗州

司隸

洛陽

徐州

下邳

呂布

曹操

許都

長安

宛縣

豫州

壽春

長江

襄陽

建業

吳縣

袁術

劉表

孫策

長沙

揚州

李傕

郭汜

荊州

交州

曹操與群雄
勢力的分布

西元**200**年

曹操擊敗袁紹，雄霸一方

白馬之戰

　　曹操與群雄中勢力最龐大的袁紹展開激戰（當時劉備因敗給曹操而投靠袁紹，關羽則委身曹營），袁紹軍先鋒顏良出兵斬殺曹操兩名部將，但關羽一上場，頓時殺了顏良，接著又殺死了文醜，導致袁紹軍大敗。

　　在這場白馬之戰中，關羽得知大哥劉備還健在，於是離開曹操身邊；而劉備也離開了袁紹，兄弟倆再度聚首。

袁紹

顏良

文醜

曹操

官渡之戰

　　袁紹統率大軍攻打曹操駐守的官渡，袁紹軍堆起一座座土堆並豎立高塔，派弓兵自高塔上對曹操陣營射擊；曹操軍則製造霹靂車（發石車），破壞袁紹軍高塔。袁紹軍又挖掘地道，企圖從地底進攻曹操陣營，曹操得知消息後，派人繞著陣營挖出一道長溝，讓袁紹軍的地道無法一路挖進陣營內。

　　兩軍互有輸贏，僵持不下。原本物資充足的袁紹較為有利，但袁紹缺乏凝聚人心的能力，部下許攸暗中投靠曹操，提供重要情報，袁紹因糧草庫被毀，敗給曹操。

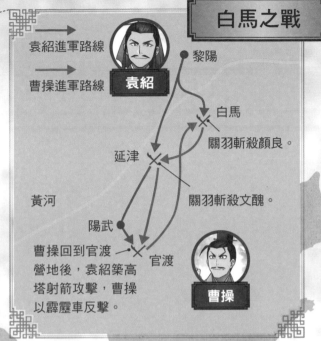

白馬之戰

袁紹進軍路線

曹操進軍路線

袁紹

黎陽

白馬

關羽斬殺顏良。

延津

黃河

關羽斬殺文醜。

陽武

曹操回到官渡
營地後，袁紹築高
塔射箭攻擊，曹操
以霹靂車反擊。

官渡

曹操

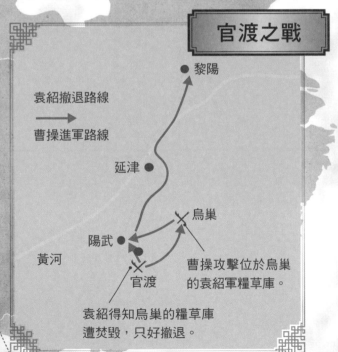

官渡之戰

袁紹撤退路線

曹操進軍路線

黎陽

延津

烏巢

陽武

曹操攻擊位於烏巢
的袁紹軍糧草庫。

黃河

官渡

袁紹得知烏巢的糧草庫
遭焚毀，只好撤退。

29

西元**207**年

劉備「三顧茅廬」

諸葛亮登場

劉備延攬
諸葛亮時的
群雄分布

曹操擊敗袁紹，統一華北地區，繼續朝著一統天下邁進。

曾遭曹操擊敗的劉備此時投靠劉表，不時感慨壯志難伸，只能虛度光陰。司馬徽（水鏡先生）提點劉備，想要實現抱負，就必須擁有優秀的軍師，謀士徐庶便建議劉備延攬隱士諸葛亮。

劉備親自前往諸葛亮所居住的茅廬求見（三顧茅廬），說出復興漢室的抱負，諸葛亮大為感動，決定為劉備盡一己之力，於是闡述「三分天下之計」。簡言之就是避免單獨對抗勢力強大的曹操，設法與曹操、孫權一同瓜分天下，形成三足鼎立之勢，等到擁有雄厚國力之後，再進一步統一天下。

於是，諸葛亮建議劉備先與孫權結盟，共同對抗曹操；接著再占據荊州，進軍益州。劉備因而獲得明確的方向，逐步累積實力。

馬騰　　涼州

張魯　　　　漢中●

劉璋

●成都

益州

幽州

黃河

冀州

井州

青州

鄴

司隸

洛陽

長安

許都

徐州

曹操

豫州

長江

新野

建業

襄陽

隆中

柴桑

孫權

諸葛亮

荊州

揚州

劉表

劉備

交州

西元**208**年

周瑜、諸葛亮聯手擊敗曹操

赤壁之戰

曹操揮軍南征，統治荊州的劉表在此時病逝，繼承其地位的劉琮就這麼歸順曹操。

劉備帶著百姓逃往南方，遭曹操率軍追趕，劉備難以禦敵，好不容易逃到夏口。

另一方面，在孫權的陣營裡，多數部下皆主張向曹操投降。倘若孫權大軍歸順，距離曹操一統天下只差臨門一腳。

於是諸葛亮前往柴桑拜見孫權，欲說服其向曹操開戰。經過一連串的辯論與挑釁下，孫權終於決意起兵。

孫權與劉備於赤壁之戰中聯手對抗曹操，孫權軍大都督周瑜派黃蓋假裝投降，進而對曹操艦隊發動火攻，大獲全勝。

勝利一方的主力部隊雖是孫權軍，但荊州並未落入其手，周瑜甚至在與曹仁交戰過程中受傷；而劉備則趁著混亂，占據了荊州南部四郡。

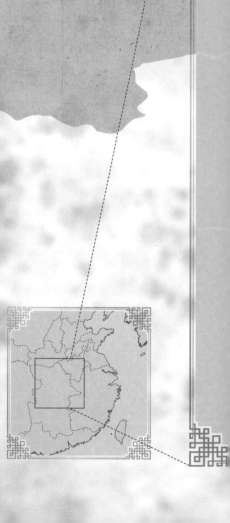

司隸

許都

曹操軍

豫州

劉備軍

宛城

新野

新野之戰

樊城

襄陽

荊州

長坂坡之戰

夏口

諸葛亮的動向

長坂坡

江陵

華容道

曹操敗退。

關羽縱放
曹操。

曹操軍從水陸
兩方進攻。

赤壁

赤壁之戰

柴桑

孫權軍

揚州

劉備軍在蜀地的動向

涼州

長安

張魯

馬超

漢中

原本依附張魯的馬超歸順劉備。

劉備

葭萌關
劉備於此留守，
阻擋張魯軍進攻。

涪縣

綿竹

益州

劉璋

龐統戰死。

雒城

落鳳坡

成都

張飛

諸葛亮

趙雲

荊州

防守荊州。

關羽

長江　　公安

劉備奪得蜀地

依照「三分天下之計」，劉備取得荊州後，下一個目標應該是進軍益州（蜀），但是當時益州由同族劉璋所統治，劉備不願加以強奪。同一時期，曾在赤壁一戰中挫敗的曹操，成功平定關中（長安一帶的平原，是相當重要的核心地區），漢中張魯亦打算攻打益州，藉此增強實力以對抗曹操。於是益州劉璋向劉備求援，企圖以劉備軍對抗張魯軍，但劉璋部下張松認為劉備比劉璋更適合治理益州，轉而慫恿劉備藉機奪取益州（張松後來因洩漏機密慘遭處死）。

劉備帶著軍師龐統前往益州，龐統以「就算主公不奪取益州，益州也會被曹操或孫權奪走。此刻若奪下益州，待一統天下之後，賜與領地給劉璋，就不違背道義。」之理勸諫，終於說服劉備攻打益州。後來，諸葛亮與張飛前來助陣，劉備軍順利奪得成都，益州（蜀）成為劉備領地。

西元215～223年

三強鼎立

（推測西元219年左右的勢力範圍）

「鼎」是一種三足的容器，曹操、孫權、劉備三大勢力瓜分了當時的天下，就好像鼎的三個支點一樣，因此常被稱為「三強鼎足」或「三強鼎立」。

曹操與孫權在合肥、濡須口等地發生多次大戰，劉備軍則與曹操軍在定軍山對峙，後來黃忠殺死夏侯淵，劉備奪得漢中，更加鞏固其在益州的統治地位。此外，劉備與孫權也為了爭奪荊州而爭鬥，然而關羽在樊城之戰後喪生，對劉備造成莫大打擊。

曹操在西元216年受封為魏王，但並未篡奪獻帝帝位，曹操病逝後，曹操的兒子曹丕逼迫獻帝禪讓，成為魏國皇帝，諸葛亮得知後，費了一番功夫說服劉備自立為帝。劉備稱帝後以漢為國號，因此蜀國又稱蜀漢。

孫權直到西元229年才登基自立為帝，諸葛亮贊成孫權稱帝，繼續維持蜀吳同盟，對抗魏國的局面。

涼州

定軍

成都

益州

劉備

蜀

魏、蜀、吳三強鼎立

魏

曹丕

幽州

黃河

冀州

青州

并州 鄴

司隸 兗州

長安 洛陽 徐州

漢中 許都 豫州

白帝城 樊城 長江

江陵 合肥 建業

濡須口

荊州 揚州

孫權

吳

交州

西元**222**年

為了替關羽報仇，強行發動戰爭

夷陵之戰

劉備

成都

　　關羽遭吳營奪去性命，劉備對孫權的仇恨，不共戴天，然而趙雲卻反對即刻發動復仇之戰，主張應先討伐魏國曹丕，戰勝後便能逼迫孫權臣服。可惜劉備聽不進趙雲的勸諫，張飛更決意與吳軍決一死戰，就連軍師諸葛亮也無法規勸劉備打消念頭。

　　就在劉備發動遠征的前一刻，張飛慘遭部將謀殺，謀害的部將逃往吳地，對劉備的心情而言，無疑是雪上加霜。

　　吳軍將領陸遜率軍迎擊蜀軍，面對暴跳如雷的劉備，陸遜採取堅守戰術。劉備在後方設置大量軍營，藉此確保物資的補給暢通；陸遜堅守數月後，見蜀軍漸漸疲累，於是以間隔一個軍營放火的方式對蜀軍陣營發動火攻，蜀軍頓時潰不成軍，劉備倉皇逃走，躲進白帝城。

　　「這是天意！」全身顫抖的劉備不禁如此感嘆。

猇亭戰場遺址（位於現今中國湖北省），劉備將主力部隊設置於此。

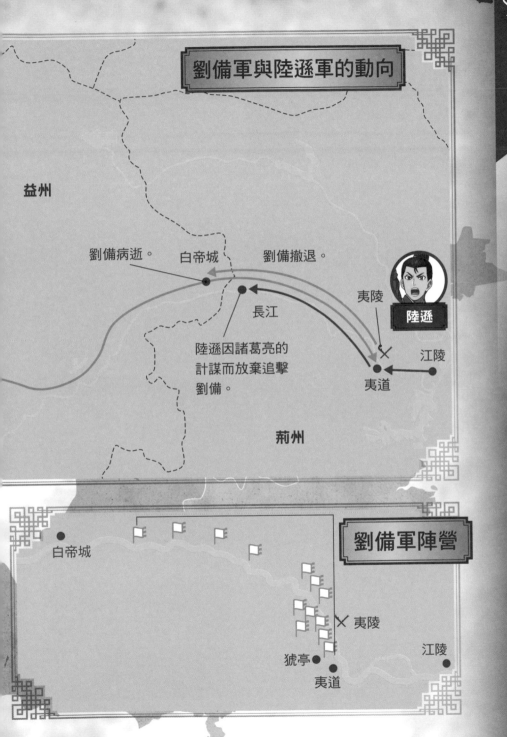

劉備軍與陸遜軍的動向

益州

劉備病逝。 白帝城　　劉備撤退。

長江

陸遜

夷陵

江陵

陸遜因諸葛亮的
計謀而放棄追擊
劉備。

夷道

荊州

劉備軍陣營

白帝城

夷陵

虢亭　　　　江陵

夷道

出師未捷身先死

五丈原之戰

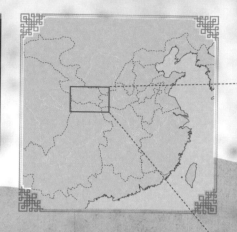

夷陵之戰敗北後的隔年，劉備病逝，劉禪即位繼承其遺志，諸葛亮則從旁輔佐。

首先，諸葛亮重新與孫權恢復同盟關係，接著出兵討伐發動叛亂的南蠻王孟獲。

順利平定南方後，諸葛亮以《出師表》向劉禪表達內心想法，毅然決然北伐魏國。

豎立於諸葛亮廟前的五丈原碑

諸葛亮的第一次北伐，因部將馬謖在街亭一戰的重大疏失而敗北，諸葛亮為恪守軍法，逼不得已只能「揮淚斬馬謖」。

後來，蜀軍又對魏軍發動數次攻擊，無奈在第五次北伐的五丈原之戰中，諸葛亮於營中病逝。

諸葛亮廟

蜀軍撤退時，以諸葛亮的木偶及戰鼓聲嚇唬魏軍，魏軍將領司馬懿原要追擊蜀軍，但是害怕誤中諸葛亮詐死的陷阱，只能任由蜀軍撤退而放棄追趕。

諸葛亮廟內的諸葛亮像

諸葛亮的北伐路線

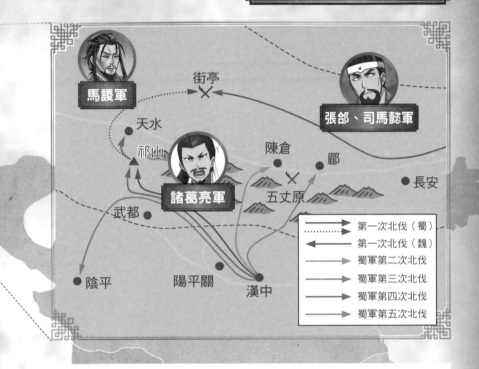

第一次北伐（蜀）
第一次北伐（魏）
蜀軍第二次北伐
蜀軍第三次北伐
蜀軍第四次北伐
蜀軍第五次北伐

第一次北伐　以趙雲為先鋒，派出三十萬大軍，起先進擊得相當順利，還招降了姜維，但後來因馬謖的錯誤戰術導致蜀軍敗北，鎩羽而歸。諸葛亮施展「空城計」，成功阻退追擊的魏軍。

第二次北伐　姜維的卓越表現幫助蜀軍擊敗司馬懿，但因陷入長期戰，蜀軍逼不得已只好撤退。

第三次北伐　蜀軍雖占優勢，但因無法對魏軍造成決定性打擊，最終只能退兵。

第四次北伐　蜀軍連戰皆捷，並殺死魏軍大將張郃，但由於長途遠征，兵糧短缺，最後還是撤退了。

第五次北伐　蜀軍成功發動火攻，無奈遇上大雨，兩軍在五丈原長期對壘。蜀軍後因諸葛亮病逝而撤退，司馬懿擔心這又是諸葛亮的計謀而不敢追擊。

諸葛亮死後，姜維掌握蜀國軍政大權，又發動了數次北伐，但都無法重創魏軍，反而導致國庫日益空虛。

手握魏國實權的司馬昭見時機成熟，派出大軍攻打蜀國，諸葛亮的兒子諸葛瞻兵敗自盡，魏將鄧艾率軍逼近成都，皇帝劉禪背著棺材出城，向魏軍投降，蜀國宣告滅亡。

司馬昭的兒子司馬炎逼迫曹奐（元帝）禪讓，登基為帝建立晉朝。吳國則自孫權死後，政局陷於不安，皇帝孫皓殘暴不仁，施行暴政，於是司馬炎（晉武帝）派兵攻打，孫皓軍敗北，吳國滅亡。

天下歷經約 100 年的歲月，終由司馬炎統一，但司馬炎逐漸無心於政治，終日沉迷酒色，導致國家再度動盪不安。

司馬炎一死，旋即發生「八王之亂」，晉朝從建國到亡國，僅有短短 51 年。

吳國滅亡

襄陽

杜預

江陵

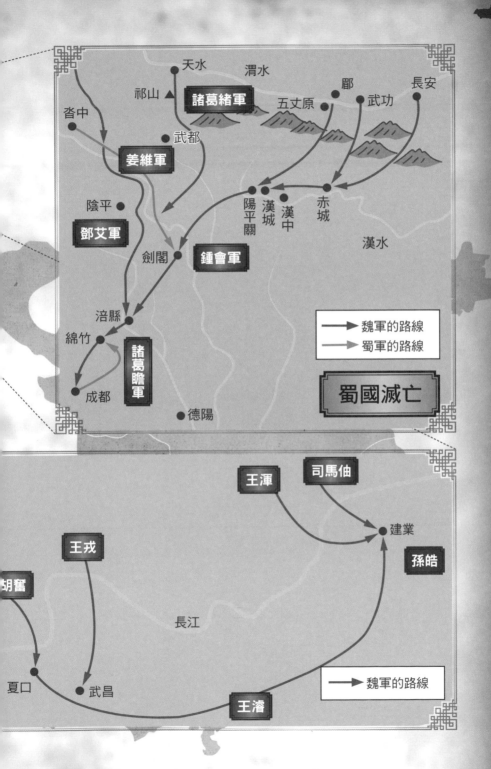

天水　　渭水
祁山▲　　　　　鄗　　長安
諸葛緒軍　　五丈原　　武功
沓中
武都
姜維軍
陰平　　　　　陽平關　漢城　漢　赤城
鄧艾軍　　　　　漢中
劍閣　　**鍾會軍**　　　漢水
涪縣
綿竹　　**諸葛瞻軍**
成都
德陽

➡ 魏軍的路線
➡ 蜀軍的路線

蜀國滅亡

王渾　　**司馬伷**
王戎
胡奮　　　　　　　　建業
　　　　　　　　　　孫皓
長江
夏口　武昌
王濬

➡ 魏軍的路線

THE THREE 三國志 KINGDOMS

人物傳

THE THREE KINGDOMS

三國志人物傳

蜀

劉備軍

從義勇軍領袖一躍而成蜀國的開國皇帝

劉備

■字：**玄德**
■謚號：**昭烈帝**
■生卒年：**西元161～223年**
■享年：**63歲**
■頭衔：**蜀的開國皇帝**

■出身：**幽州涿郡**

受人景仰的品德是最強大的武器。

　　據說劉備為西漢景帝的後代子孫，父親早逝，從小與母親賣草蓆維生。劉備曾跟隨盧植學習儒學，視同門師兄公孫瓚為兄長一般敬仰。劉備交遊廣闊，與許多豪傑之士都有所往來，相當具有領袖的魅力。

　　劉備二十四歲時，爆發黃巾之亂。招募討伐黃巾賊義勇軍的過程中，劉備結識關羽與張飛，三人意氣相投，情逾手足，於桃園結拜為義兄弟。

　　黃巾之亂讓曹操勢力迅速壯大，劉備時而投靠曹操，時而逃離曹操身邊與之對抗，過著顛沛流離的生活。直到四十多歲時，劉備「三顧茅廬」，成功延攬諸葛亮為軍師，諸葛亮獻上「三分天下之計」，劉備從此有所依循，按照計畫逐步採取行動。

　　劉備與江南孫權聯手，於赤壁之戰中擊敗曹操，有效阻擋其勢力的繼續擴大，占據荊州後，接著奪下原為劉璋治理的益州（蜀）。在得知曹操的兒子曹丕逼迫獻帝禪讓奪其帝位後，劉備亦自立為蜀國（蜀漢）皇帝。

　　就在即將登基之際，劉備獲知義弟關羽於樊城一戰中遭曹操軍和孫權軍擊敗，孫權並下令斬殺關羽，奪走荊州。劉備怒不可遏，不顧眾將反對，親自率軍攻打吳（夷陵之戰），欲為關羽報仇，然而卻慘遭大敗。

　　抑鬱成疾的劉備，將諸葛亮叫到床邊，說道：「如果我的兒子劉禪沒有當皇帝的才能，你就取代他吧！」說完便去世了。

位於四川省的劉備墓。劉備身高約173公分，據說手臂長過膝蓋，有對轉頭就能看見的大耳朵。

智勇雙全、忠心耿耿的武聖

劉備軍

關羽

■字：雲長

■生卒年：？～西元219年

■享年：不詳

■頭衛：蜀的武將

■出身：司隸河東郡

人稱「關聖帝君」，直至今日仍受到世人的景仰與膜拜。

　　黃巾之亂爆發時，關羽與張飛、劉備結拜為義兄弟，從此關羽便效忠於劉備。

　　關羽博覽群籍，武藝高超，所持有的武器是一把重約 50 公斤的青龍偃月刀。

　　討伐董卓時，關羽在溫熱的酒尚未放涼前，就斬殺了敵將華雄；官渡之戰時，關羽一刀便砍死敵將顏良與文醜……諸如此類在沙場上的勇猛事蹟，可說是不勝枚舉。

　　後來劉備參與暗殺曹操的計畫，遭曹操發現，勃然大怒的曹操發兵攻打劉備，劉備大敗，混亂中關羽與劉備失散，不得已只好委身曹營。

　　曹操明知關羽對劉備忠心耿耿，絕不會甘願為自己效命，仍是對關羽相當禮遇。當關羽探聽到劉備下落後，立刻離開曹操身邊，硬闖五處關口，殺死曹操六名大將，回到劉備身邊（人稱「過五關、斬六將」）。但關羽也非忘恩負義之人，當曹操於赤壁之戰中落敗，竄逃到華容道時，關羽回想起昔日之恩，於是縱放曹操離去。

　　關羽終其一生講求仁義，無奈卻未得善終。在對抗曹、孫兩軍的樊城之戰中，關羽遭孫權軍部將呂蒙偷襲，兵敗被俘，孫權本想招降關羽，但近臣勸諫「若不殺關羽，必留後患」，於是孫權下令將其斬首。

　　據說之後孫權派人將關羽的頭顱送至曹操陣營，曹操則予以厚葬。

位於洛陽關林的關帝像，「林」指的是聖人之墓。當年曹操厚葬了孫權送來的關羽頭顱，據說就埋葬在現在的關林。

49

蜀

劉備軍

厲聲喝退曹操大軍的猛將

張飛

■字：翼德
■出身：幽州涿郡
■生卒年：？～西元221年
■享年：不詳
■頭銜：蜀的武將

深受讀者喜愛，可說是三國故事裡最討喜的角色。

張飛擅於使用丈八（超過4公尺）蛇矛，正史中記載，曹操軍師程昱曾經讚張飛為「萬人敵」，即僅一個人就足以對付萬名以上的士兵。

張飛與劉備、關羽結拜為義兄弟，共同討伐黃巾賊。由於討伐黃巾賊有功，劉備受朝廷任命為安喜縣尉（相當於現今縣警局局長），但張飛毆打了前來索賄的官員，讓劉備丟了官，從此三兄弟過起了流浪各地的生活。

若論張飛表現最為精采的一場戰役，應該就屬長坂坡之戰。張飛帶著二十名騎兵，為劉備的主力部隊殿後，「我乃燕人張翼德！誰敢與我決一死戰？」如雷鳴般的大嗓門及可怕的殺氣，在長坂橋擋住曹操大軍，令其完全不敢往前追擊。

攻打益州時，張飛也表現出機智的一面。他設下陷阱活捉名將嚴顏，起初，嚴顏寧死不肯投降，讓張飛大感敬佩，對其禮敬有加，嚴顏受到感動，終於答應歸順劉備。

但另一方面，張飛亦曾貪杯（貪戀杯中之物，指愛喝酒）誤事。在劉備軍屯駐下邳時，呂布趁劉備不在展開襲擊，留守的張飛卻因為酒醉而無力抵抗，就這麼讓呂布奪走下邳城。

此外，張飛還有一個缺點，那便是他雖然敬重儒生文人，但對待部下卻傲慢又嚴苛，因此在為關羽報仇的夷陵之戰即將開打前不久，張飛便遭懷恨在心的部下謀殺，最終死於非命。

河北省張飛廟中的張飛像。根據《三國演義》描述，張飛身高約184公分，下巴寬厚，鬍鬚極粗，雙眼如圓珠，說話聲就像打雷。

■字：孔明

■生卒年：西元181～234年

■享年：54歲

■頭銜：蜀的軍師、政治家

■出身：徐州瑯琊郡

時至今日，已成為優秀軍師的代名詞。

諸葛亮曾跟隨司馬徽（水鏡先生）學習儒學，乃世間少有、極為出色的人才，而有「臥龍」之稱，意指靜待機會到來，就會竄上空中的飛龍。徐庶向劉備舉薦好友諸葛亮，劉備因而親自前往諸葛亮所居住的茅廬求見（三顧茅廬），諸葛亮大受感動，答應擔任劉備的軍師。

諸葛亮建議劉備「避免與勢力龐大的曹操或孫權交戰，應先設法增強實力，再追求統一天下」。在諸葛亮居中牽線下，劉備與孫權結盟，諸葛亮又說服孫權對曹操開戰。赤壁之戰期間，諸葛亮曾想出一夜獲得十萬支箭的妙計，還曾施展改變風向的奇妙法術，也因為有了他的從旁協助，使得孫劉聯軍大獲全勝。

在諸葛亮的輔佐下，劉備先後奪下荊州與益州。劉備稱帝

後，諸葛亮擔任丞相一職，主導蜀國政治。然而差不多就在這個時期，負責防守荊州的關羽兵敗被俘，遭敵人處決，張飛遭部下謀殺，劉備也在夷陵之戰大敗後一病不起。劉備將蜀國託付給諸葛亮後病逝，諸葛亮於是下定決心繼續輔佐劉禪，為蜀國鞠躬盡瘁。

諸葛亮首先平定南蠻，上呈《出師表》向劉禪表達與魏國決一死戰的決心後，便率領大軍北伐（攻打魏國）。然而，由於蜀國人口和資源都較為缺乏，諸葛亮的北伐成績並不理想。第五次北伐期間，諸葛亮與魏國司馬懿在五丈原僵持數月之久，諸葛亮也在此時病逝。

位於陝西省五丈原的諸葛亮廟。根據正史《三國志》記載，諸葛亮身形高大，身高約184公分。

各項能力都很優秀的名將，
長年為劉備奉獻心力。

■字：子龍

■生卒年：？～西元229年

■享年：不詳

■頭銜：蜀的武將

■出身：冀州常山郡

　　趙雲原投靠反董卓諸侯之一的公孫瓚陣營，後來遇到劉備，與其相當投緣，因此成為劉備的部下。

　　趙雲是名冷靜沉著的將領，在許多戰役中都有卓越表現，其中最經典的莫過於長坂坡之戰。趙雲先是在戰場上救出甘夫人，接著單騎回到戰場，在敵陣內左衝右突，以「如入無人之境」的氣勢救出劉備的兒子阿斗（劉禪）。

　　與曹操爭奪漢中的定軍山一戰中，曹操大軍逼近，趙雲故意打開軍營大門，並讓所有士兵躲藏起來，曹操以為有陷阱而下令撤退，趙雲便趁機以強弩回擊，在戰役中反敗為勝。劉備讚趙雲「一身都是膽」，意指其膽量極大，勇猛無比。

　　劉備建立蜀國後，趙雲成為五虎大將中的一員。劉備逝世後，趙雲繼續跟隨諸葛亮，在平定南蠻和北伐曹魏的大小戰役中都有傑出的貢獻。

　　在諸葛亮的第一次北伐中，因馬謖的錯誤決策而敗北，趙雲負責殿後保護主力部隊撤退，成功讓蜀軍的損害降至最低，此時趙雲已有相當年紀，但英勇卻絲毫不減當年。

　　在諸葛亮即將發動第二次北伐前不久，趙雲病逝，留下壯志未酬的遺憾。

　　像趙雲這般的武將，正是一生為國盡忠的最佳典範。

湖北省長坂坡公園內的趙雲像，
趙雲懷抱阿斗，正與敵人交戰。
據說趙雲身高184公分，體格相
當壯碩。

幾乎將曹操逼上絕路的猛將

馬超

■ 字：孟起

■ 生卒年：西元176～222年

■ 享年：47歲

■ 頭銜：蜀的武將

■ 出身：司隸扶風郡

德　知　武　勇　運

成為蜀將後，表現
並不出色。

馬超的戰甲華麗，又有「錦馬超」之稱。

馬超是涼州武將馬騰之子，曹操欺壓獻帝，馬騰與一群同伴密謀暗殺曹操，可惜沒有成功，馬騰慘遭處死。

馬超為了替父親報仇，舉兵攻打曹操。

赤壁之戰後，曹操覬覦奪取漢中，於是馬超與父親的結拜兄弟韓遂聯手攻陷長安，繼續往東邊的潼關進軍。

馬超趁曹操軍渡過黃河時，命部將朝曹操船艦射箭，一時之間箭如雨下，曹操幾乎喪命，多虧一旁的許褚拿馬鞍當作盾牌拚死保護，曹操才撿回一命。

馬超則繼續進擊，一度與許褚單挑對戰，鬥了上百回合仍不分勝負。

馬超差一點就能殺死曹操，但曹操隨後發動反攻，馬超陷入苦戰，先是中了曹操軍的「疑兵計」，接著又因曹操謀臣賈詡所獻的「離間計」而與韓遂反目，最終遭曹操擊敗。

戰敗後，馬超投靠漢中張魯，為張魯效命期間，馬超幾乎沒有立下功勞。

後來，馬超與張飛在葭萌關大戰三天三夜，同樣沒有分出勝負。於是諸葛亮施展計謀，誘使馬超背叛張魯，歸順劉備，成為劉備的部下。

劉備登基為蜀國皇帝後，馬超被任命為五虎大將之一，但在諸葛亮征討南蠻後不久，馬超就病逝了。

位於陝西省的馬超墓。諸葛亮發動北伐時，曾到馬超墓前祭拜。

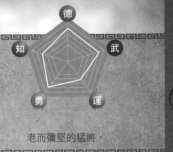

■ 字：漢升

■ 生卒年：？～西元220年

■ 享年：不詳

■ 頭衔：蜀的武將

■ 出身：荊州南陽郡

老而彌堅的猛將。

　　黃忠是個力大無窮的神射手，原本效命於荊州刺史劉表，在劉備出兵占據荊州時，跟隨在長沙太守韓玄身邊。

　　黃忠與關羽單挑三天，鬥了數百回合，仍是不分勝負，此時的黃忠已年逾六十歲。

　　雙方在激戰的過程中，黃忠因戰馬失足而落馬，關羽並沒有趁人之危，黃忠因此心存感激，射箭時也故意射向關羽頭盔上的細繩。

　　後來黃忠受到招降，投靠劉備，在與劉璋軍交戰期間，黃忠帶頭衝鋒陷陣。劉備能成功占據益州，黃忠功不可沒。

　　劉備奪得益州後，接著率軍朝曹操所掌控的漢中進攻。黃忠在漢中爭奪戰中奮勇抗敵，表現相當活躍。

　　當時曹操軍夏侯淵紮營在定軍山上，黃忠在山腳下布陣，與夏侯淵互相牽制，黃忠利用計策激怒夏侯淵，又占據對面山頭，將夏侯淵軍隊引出定軍山。兩軍交戰之際，黃忠趁夏侯淵露出破綻，一刀從夏侯淵的腦袋砍到肩膀，取其性命。

　　這場戰役使得曹操不得不從漢中撤軍，劉備順利奪得漢中，自立為漢中王，任命黃忠為五虎大將之一。

　　然而不久後，關羽在樊城一戰兵敗被俘，遭到處決，黃忠跟隨劉備向吳起兵復仇，或許是因為勉強進軍，黃忠在戰場上受了傷，沒過多久便去世了。

位於湖南省紀念黃忠的建築「黃忠故里」。黃忠的畫像大多滿頭白髮，留著白色的鬍鬚。

蜀

劉備軍

發動叛變卻失敗送命的猛將

■字：文長
■生卒年：？～西元234年
■享年：不詳
■頭銜：蜀的武將
■出身：荊州義陽郡

德
知　　武
運

魏延

赤壁之戰結束後，劉備派兵搶奪荊州城池，魏延就是在這個時期投靠劉備。據說魏延身高約184公分，有著一張深褐色的臉孔，腦後長有突出的反骨，雖然驍勇善戰，但個性自負且傲慢。諸葛亮打從一開始就認為魏延是個遲早會背叛主公的危險人物，但劉備對魏延相當信賴。

劉備死後，魏延跟隨諸葛亮征討南蠻及北伐曹魏，都有不錯的表現，但他時常想出一些危險的作戰計畫，因而與諸葛亮發生爭執。

諸葛亮病逝後，魏延基於軍事行動上的不滿而決意叛變，但諸葛亮早已料到，生前便暗中指示馬岱斬殺魏延。

龐統

劉備軍

與諸葛亮齊名的天才軍師

- 字：士元
- 生卒年：西元179～214年
- 享年：36歲
- 頭銜：蜀的軍師
- 出身：荊州襄陽郡

　　其貌不揚的龐統號稱「鳳雛」，與「臥龍」諸葛亮齊名。「鳳雛」是指尚未長大的鳳凰，意指龐統將來必定會展翅高飛。

　　赤壁之戰中，龐統假意向曹操獻上「連環計」，讓曹操以鐵環將船艦相互連接，藉此協助孫權軍的周瑜發動火攻，一舉殲滅曹操艦隊。之後龐統投靠劉備，

擔任軍師擬定戰略，順利奪下益州，此時的龐統已超過三十歲。

　　然而某次龐統與劉備交換坐騎，敵人將其誤認是劉備而發動攻擊，龐統因而斷送性命。該地為「落鳳坡」，對於號稱鳳雛的龐統實屬不吉之地，而懂得觀星術的諸葛亮亦在悲劇發生前，便預測到龐統的生命即將結束。

繼承北伐遺志的諸葛亮傳人

姜維

- ■ 字：伯約
- ■ 生卒年：西元202～264年
- ■ 享年：63歲
- ■ 頭銜：蜀的武將
- ■ 出身：涼州天水郡

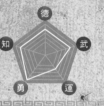

劉備病逝後，諸葛亮率軍北伐，因看出魏將姜維的才幹，而使計誘使其歸順蜀軍。

姜維文武雙全，受到諸葛亮的器重，任命他為蜀軍將領。此後，姜維成為蜀軍北伐攻魏的重要人物。

諸葛亮在五丈原之戰期間病逝後，姜維繼承其遺志，繼續率領蜀軍北伐。

無奈蜀國財政日益拮据，劉禪不得不向魏國投降，蜀國宣告滅亡。但姜維仍持續抵抗，試圖復興蜀國。姜維慫恿魏國將軍鍾會發動叛變，但沒有成功，最後與鍾會同遭殺害。

蜀

劉備軍

向劉備舉薦諸葛亮的軍師

徐庶

- 字：元直
- 生卒年：不詳
- 享年：不詳
- 頭銜：劉備的軍師
- 出身：豫州潁川郡

　　徐庶是司馬徽（水鏡先生）的學生，求學期間結識諸葛亮。劉備來到荊州後，徐庶投靠劉備，獻策擊退敵兵，又識破名將曹仁所布下的「八門金鎖陣」，幫助劉備克敵制勝。

　　曹操得知徐庶的才能後亟欲延攬，於是軟禁徐庶母親，並仿照其筆跡，寫信將徐庶騙到許都。對劉備的「忠」與對母親的「孝」讓徐庶陷入兩難，最終徐庶決定離開劉備身邊，臨走之際，徐庶將從前的同窗好友諸葛亮推薦給劉備。

　　徐庶到了許都後，母親不只將其痛罵一頓，還氣得上吊自殺，徐庶深感懊悔，下定決心終生不對曹操提出任何計謀。

蜀

劉備軍

蜀國滅亡時的末代皇帝

劉禪

- ■ 字：公嗣
- ■ 生卒年：西元207～271年
- ■ 享年：65歲
- ■ 頭銜：蜀國第二代皇帝
- ■ 出身：荊州南陽郡

德　武　達　勇　知

　　劉禪是劉備與甘夫人之子。甘夫人在懷孕時夢見吞下北斗七星，於是將劉禪小名取為阿斗。

　　長坂坡之戰中，劉備遭曹操擊敗，逃亡時，與家臣們失散，幸得趙雲從敵軍陣營中將還是嬰兒的劉禪救了出來。

　　劉備死後，劉禪即位，但國家大事都交由諸葛亮處理。

　　諸葛亮病逝後，宦官黃皓掌權，蜀國政局出現亂象，再加上姜維數次發動北伐，導致國庫空虛，魏國鄧艾趁機攻入蜀國，劉禪很快就決定投降。

　　掌握魏國實權的司馬昭對劉禪相當禮遇，不僅設宴款待，還故意在宴會上派人演奏蜀樂，蜀國舊臣們紛紛落淚，唯獨劉禪依然嬉笑自若，司馬昭見狀，從此對劉禪放下戒心。

蜀

劉備軍

金援劉備的大富豪

麋竺

- 字：子仲
- 生卒年：？～西元221年
- 享年：不詳
- 頭銜：劉備的謀臣
- 出身：徐州東海郡

　　麋竺是位富豪，曾在徐州刺史陶謙麾下任官。劉備執掌徐州後，麋竺成為劉備的謀臣，後來徐州遭呂布掠奪，麋竺更在經濟上對劉備提供相當大的資助。

　　樊城之戰時，麋竺的弟弟麋芳叛變，害死了關羽，於是麋竺綑綁自己，來到劉備面前請罪。雖然劉備原諒了麋竺，但麋竺卻因羞愧與惱怒而病倒，最後抑鬱而終。

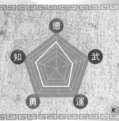

蜀

劉備軍

負責對外交涉的外交官

孫乾

- 字：公祐
- 生卒年：不詳
- 享年：不詳
- 頭銜：劉備的謀臣
- 出身：青州北海郡

　　孫乾原是陶謙手下的官員。劉備執掌徐州後，孫乾成為劉備的外交官兼參謀。在劉備想要投靠荊州劉表時，便是先派孫乾前往交涉；在關羽委身曹營期間，孫乾則肩負起關羽與劉備間的聯繫工作。而當陣營內的張飛與龐統發生爭執時，也是由孫乾居中斡旋。這些作為在穩定軍心與擴展軍力上相當重要。

　　劉備平定蜀地後，封孫乾為秉忠將軍，地位與麋竺相當。

蜀

劉備軍

有「白眉」之稱的智者

馬良

- 字：季常
- 生卒年：西元187～225年
- 享年：39歲
- 頭銜：蜀的武將
- 出身：荊州襄陽郡

馬家五兄弟各個優秀，其中以馬良最為傑出。五兄弟名字的字中都有「常」字，加上馬良的眉毛斑白，又有「馬氏五常，白眉最良」之說。後以「白眉」指稱眾人中較為優秀傑出的人才。

夷陵之戰時，馬良對劉備的布陣並不認同，於是將陣營位置畫成詳圖，趕到成都欲請教諸葛亮，可惜當馬良返回時，劉備軍已大敗。劉備死後，大約在諸葛亮征伐南蠻時，馬良就病逝了。

蜀

劉備軍

讓張飛大受感動的老將

嚴顏

- 字：不詳
- 生卒年：不詳
- 享年：不詳
- 頭銜：蜀的武將
- 出身：不詳

嚴顏原是劉璋部將，與攻入益州的劉備軍交戰時，對抗張飛兵敗遭擒。

嚴顏被俘後，絲毫沒有畏懼之色，說出「只有斷頭將軍，無投降將軍」之言，讓張飛大受感動，因而對嚴顏待之以禮。嚴顏心存感激，於是決定投降，加入劉備陣營。

嚴顏的年紀雖大，但在漢中爭奪戰期間，曾與黃忠一同英勇奮戰，擊敗曹操軍。

蜀

劉備軍

依軍法遭處死的智將

馬謖

- 字：幼常
- 生卒年：西元190～228年
- 享年：39歲
- 頭銜：蜀的武將
- 出身：荊州襄陽郡

　　馬謖是馬家五兄弟中的老么，在兵法上頗具天分，受到諸葛亮青睞。諸葛亮對馬謖寄予厚望，但劉備曾警告勿重用馬謖。

　　諸葛亮征討南蠻時，馬謖從旁協助，表現可圈可點。但在第一次北伐的街亭之戰中，馬謖卻鑄下大錯。當時馬謖未聽從諸葛亮的指示，擅自將軍隊駐紮在無法確保飲水供給無虞的山頭上，儘管副將王平再三苦諫，馬謖卻聽不進去，最後遭張郃率領的魏軍包圍，蜀軍大敗。

　　諸葛亮逼不得已，只好下令退兵，並依軍法處死馬謖，這就是「揮淚斬馬謖」的由來，後來也引申為「為了維持整體紀律而狠下心腸懲處某人」。

斬殺魏延的武將

劉備軍

馬岱

- 字：不詳
- 生卒年：不詳
- 享年：不詳
- 頭銜：蜀的武將
- 出身：司隸扶風郡

德
武
知
運
勇

馬岱是馬超的堂弟，深受劉備信賴，與馬超一同追隨劉備。馬岱為蜀立下的功勞，甚至超越馬超，因此獲得諸葛亮器重。

魏延在諸葛亮死後恣意妄為、不服命令，正是馬岱出手將之處決。當時魏延騎在馬上高聲大喊「誰敢殺我！」，馬岱在背後應了一聲「我敢殺你！」後，一刀斬向魏延。其實，馬岱早已受諸葛亮遺命，跟在魏延身邊擔任臥底，伺機行動。

蜀

劉備軍

與關羽同遭處死的養子

關平

- 字：不詳
- 生卒年：？～西元219年
- 享年：不詳
- 頭銜：蜀的武將
- 出身：司隸河東郡

德
武
知
運
勇

關平是關羽的養子，其生父十分仰慕關羽，懇求關羽認他的兒子作為養子，關羽在取得劉備的同意後便答應了。劉備也有一個養子，叫作劉封。關平與劉封兩人都有相當傑出的表現。

樊城之戰時，關平擔任關羽副將，但與關羽一同被俘處死。

關平如同關羽一般，死後也被民間神格化，在關帝廟中受世人膜拜。關帝像旁總有一個手捧印綬的白面將軍，那就是關平。

蜀

劉備軍

為父報仇的關羽之子

關興

■ 字：安國
■ 生卒年：？～西元234年
■ 享年：不詳
■ 頭銜：蜀的武將
■ 出身：司隸河東郡

關興是關羽的親生兒子，與張飛的長子張苞結拜為義兄弟。

為替父親關羽報仇雪恨，關興也參與了夷陵之戰。關興殺死當初擒住關羽、關平父子的孫權部將潘璋，成功報了父仇，並奪回屬於父親的青龍偃月刀。

諸葛亮發動北伐時，關興曾持青龍偃月刀參戰，但不久後就病逝了。

蜀

劉備軍

南征時表現活躍的關羽第三子

關索

■ 字：不詳
■ 生卒年：不詳
■ 享年：不詳
■ 頭銜：蜀的武將
■ 出身：司隸河東郡

關索是關羽的第三個兒子，在樊城之戰中存活下來。

諸葛亮征討南蠻時，關索立下不少戰功。當時，諸葛亮掌握蜀國實權，益州南部經常有蠻族作亂，關索作為諸葛亮軍先鋒，在各地屢戰皆捷，擒獲不少敵軍將領，是促使南征成功的重要將領之一。有些講述三國故事的小說，便是以關索為主角。

劉備軍

為父親報仇的張飛長子

張苞

■字：**不詳**
■生卒年：**？～西元229年**
■享年：**不詳**
■頭衝：**蜀的武將**
■出身：**幽州涿郡**

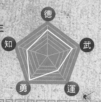

張苞是張飛的長子，與關羽的兒子關興結拜為義兄弟，效命於蜀軍。

張飛部下范疆殺害張飛後叛逃至吳營，劉備率兵攻吳（夷陵之戰）初期，孫權因心中懼怕，便將張飛首級與范疆送還劉備陣營，張苞於是斬殺范疆，為父報仇。

諸葛亮北伐期間，張苞也立下不少戰功，但後來不慎墜落山崖，傷重不治而亡。

蜀

劉備軍

奮戰到最後一刻的諸葛亮之子

諸葛瞻

■字：**思遠**
■生卒年：**西元227～263年**
■享年：**37歲**
■頭衝：**蜀的武將**
■出身：**徐州瑯琊郡**

諸葛瞻是諸葛亮的長子，不僅遺傳了父親的智慧，而且頗具藝術天分。

諸葛亮病逝後，諸葛瞻仍效忠蜀國，並被任命為將軍。然而宦官黃皓逐步掌握大權，諸葛瞻苦無一展長才的機會。後來魏軍攻入蜀國，魏將鄧艾曾勸降諸葛瞻，諸葛瞻不但沒有答應，還率領七萬兵馬迎擊。雖然諸葛瞻曾一度靠父親諸葛亮的木偶嚇退敵軍，但最後仍是兵敗自盡。

蜀

劉備軍

跟隨關羽到最後一刻的部將

周倉

■字：不詳
■生卒年：？～西元219年
■享年：不詳
■頭銜：蜀的武將
■出身：不詳

德
知　武
勇　運

　　周倉原是黃巾賊，據說胸膛厚實，體格健壯，十分擅長游泳，曾下水擒住掉落水中的敵將。黃巾之亂後淪為山賊，偶遇關羽，因敬仰其品德，從此跟在關羽身邊，成為得力的左右手，隨著關羽出生入死。後來關羽兵敗遭處死，周倉得知後跟著自刎而死。

　　如今在關帝廟中，周倉與關平隨侍在關羽兩側，一同受到信眾們的膜拜。

蜀

劉備軍

見死不救的劉備養子

劉封

■字：不詳
■生卒年：？～西元220年
■享年：不詳
■頭銜：蜀的武將
■出身：荊州長沙郡

德
知　武
勇　運

　　劉封是劉備養子，樊城縣令劉泌的外甥，戰場表現英勇，在奪取益州和漢中立下不少功勞。

　　樊城之戰中，關羽曾向鎮守上庸的劉封與孟達求援，但孟達（後來歸順曹魏）主張就算出兵也毫無勝算，因此拒絕出兵，劉封接納其建議，導致關羽孤立無援而兵敗戰死。

　　後來劉封在與魏軍交戰時落敗，逃回成都，但因當初見死不救的罪行實在太重而遭到處死。

將阿斗託付趙雲的劉備之妻

糜夫人

■生卒年：？～西元208年

■享年：不詳

■頭銜：劉備的妻子

■出身：徐州東海郡

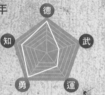

　　糜夫人是糜竺的妹妹。在劉備入主徐州之後，糜竺就跟在身旁輔佐，更將妹妹許配給劉備。

　　後來劉備遭曹操軍擊敗，逃離徐州時與糜夫人失散，所幸在關羽的保護下，糜夫人平安回到劉備身邊。

　　劉備在荊州期間，劉表的兒子劉琮歸順曹操，劉備逼不得已，只好帶著百姓逃往南方江陵。曹操軍在長坂坡追上劉備一行人，糜夫人懷抱劉備的兒子阿斗（劉禪），在亂軍中受了重傷，將阿斗託付給殺出重圍的趙雲後，為了不成為趙雲的負擔，糜夫人便跳入井中，不治身亡。

蜀

追封為后的劉禪生母

劉備軍

甘夫人

■諡號：昭烈皇后
■生卒年：？～西元209年
■享年：不詳
■頭銜：劉備的妻子
■出身：豫州沛國

　　甘夫人是劉備的妻子，阿斗（劉禪）的生母。劉備在擔任徐州牧時，曾有一段期間屯駐於小沛，在那裡認識了甘夫人，兩人結為夫妻。

　　下邳一戰，關羽暫居曹營，甘夫人由於與劉備失散，只好隨著關羽移居許。後來關羽得知劉備的消息，過五關、斬六將，與

甘夫人順利重回劉備身邊。

　　西元207年，甘夫人在荊州生下劉禪。

　　長坂坡一戰中，甘夫人在亂軍中落單，幸得趙雲營救。

　　赤壁一戰結束後不久，甘夫人病逝，其棺木被移往蜀地。劉禪即位為蜀國皇帝時，追諡甘夫人為昭烈皇后。

孫夫人

　　孫夫人是孫堅的女兒，孫策和孫權同父異母的妹妹，從小習武，內心抱著「非英雄不嫁」的想法。孫夫人在《三國演義》中本名叫「孫仁」，而正史中並未記載，但真正的孫仁其實為孫權另一個同父異母的弟弟。在京劇和其他戲劇、電影中，多使用「孫尚香」來指孫夫人。

　　甘夫人病逝時，周瑜以「讓劉備迎娶孫權妹妹」為由，欲騙劉備至吳並藉機殺害，但遭諸葛亮看穿，不僅讓劉備順利成親，還讓劉備帶孫夫人回到荊州。

　　然而後來劉備與孫權關係惡化，孫權以「母親病危」將妹妹騙回吳。爆發夷陵之戰時，孫夫人誤以為劉備戰死而投江自盡。

三國志
THE THREE KINGDOMS
人物傳

魏

曹操軍

曹植〔子建〕

曹丕〔子桓〕

蔡瑁〔德珪〕

龐德〔令明〕

典韋

許褚〔仲康〕

賈詡〔文和〕

張郃〔儁乂〕

張遼〔文遠〕

程昱〔仲德〕

郭嘉〔奉孝〕

荀彧〔文若〕

荀攸〔公達〕

曹洪〔子廉〕

曹仁〔子孝〕

夏侯淵〔妙才〕

夏侯惇〔元讓〕

司馬懿〔仲達〕

曹操〔孟德〕

曹皇后

鍾會〔士季〕

鄧艾〔士載〕

司馬炎〔安世〕

曹奐〔景明〕

曹爽〔昭伯〕

曹真〔子丹〕

文聘〔仲業〕

曹嵩〔巨高〕

諸葛誕〔公休〕

李典〔曼成〕

徐晃〔公明〕

樂進〔文謙〕

于禁〔文則〕

司馬昭〔子上〕

司馬師〔子元〕

曹叡〔元仲〕

曹操

■ 字：**孟德**
■ 諡號：**武帝**
■ 生卒年：**西元155～220年**
■ 享年：**66歲**
■ 頭銜：**東漢丞相、魏王**

■ 出身：**豫州沛國**

稱得上是三國故事中的第二男主角。

　　曹操三十歲時，東漢爆發黃巾之亂，雖然亂事獲得平定，但朝廷的威望在亂平後更加式微，各地形成群雄割據的局面。

　　當董卓在洛陽掌握大權時，曹操曾一度依附，後來曹操目睹董卓施行各種傷天害理的暴政，於是密謀暗殺。這場暗殺行動並沒有成功，曹操在逃走後東山再起，加入了以袁紹為盟主的討伐董卓盟軍。

　　董卓見苗頭不對，焚燒洛陽後逃往長安，群雄們抱持觀望心態，唯獨曹操率軍英勇追趕。雖然曹操在這場追擊戰中敗北，但討伐董卓的一連串行動讓他聲名大噪，獲得群眾的追隨與支持。

　　曹操十多歲時，著名的人相鑑定師許劭曾說他是「治世之能臣，亂世之奸雄」，一如許劭預

期，成年後的曹操漸漸嶄露頭角。在討伐董卓的行動結束後，曹操成功收服青州的黃巾賊餘黨，組織起龐大的軍隊。在掌控徐州和兗州後，曹操迎接東漢皇帝（獻帝）至許都，聲勢更是大漲。曹操接著擊敗劉備，令關羽暫居曹營，更在官渡一戰中打敗袁紹，將勢力擴張至整個中國的北半邊。獻帝任命其為丞相，曹操則繼續朝著統一之路邁進。然而其一統天下的野心卻在赤壁一戰中遭孫劉聯軍擊碎。

　　之後曹操即位為魏王，但並未取代東漢的地位，也沒有登基稱帝。直到曹操死後，曹操的兒子曹丕才逼迫獻帝禪讓，成為魏國皇帝。

位於安徽省亳州市，祭祀曹操的魏武祠。曹操在《三國演義》中被描寫成反派，其實真正的曹操不僅能文能武、多才多藝，還擁有創新的思想。

與諸葛亮不分軒輊的將領

司馬懿

三國志人物傳 魏 曹操軍 司馬懿

■ 字：仲達
■ 諡號：宣帝
■ 生卒年：西元179～251年
■ 享年：73歲
■ 頭銜：魏的武將

■ 出身：司隸河內郡

洞悉諸葛亮實力，謀略上也不遑多讓。

司馬懿是曹操麾下的文官，從年輕時就展現出優秀的才能。據說曹操很早就看出司馬懿是個野心勃勃的人物。

在關羽軍包圍荊州樊城時，曹操心中懼怕，曾考慮遷都逃往北方，但司馬懿提出反對意見，認為這種示弱的行為只會讓百姓感到不安，於是提議以江南的統治權作為條件交換，慫恿孫權出兵偷襲關羽軍後方。

這條計謀非常成功，關羽最後兵敗而死。

據說曹操生前十分忌憚司馬懿的才能，但是曹操死後，曹丕（文帝）和曹叡（明帝）都相當倚重司馬懿。

五丈原一戰中，司馬懿採取堅守不出的戰術，讓軍隊背對渭水布陣，靜待蜀軍兵糧耗盡，諸

葛亮心中焦急，故意派人送上女人衣裳，暗諷司馬懿不敢迎戰。司馬懿雖蒙受譏諷卻暗自忍耐，並未被激怒而上當出兵。

不久後，諸葛亮生了重病，司馬懿夜觀天象，瞧見一顆星星拖著長尾巴，朝蜀軍陣營方向殞落，推測諸葛亮已黯然離世，出兵的時機即將到來。

之後，蜀軍開始撤退，司馬懿領軍追擊，沒想到蜀軍突然打起戰鼓，司馬懿擔心這是諸葛亮設下的陷阱，不敢輕易出兵，並下令全軍撤退，這就是「死諸葛走生仲達」的故事。

司馬懿之後屢屢立下戰功，權力越來越大，逐步鞏固司馬氏在魏國的權勢。

三刀嶺上的土堆。五丈原之戰中，司馬懿大軍布陣於此。據說司馬懿還在這裡故意穿上諸葛亮送來的女人衣裳。

曹操軍首屈一指的獨眼猛將

夏侯惇

■字：元讓　　　　■出身：豫州沛國

■生卒年：？～西元220年

■享年：不詳

■頭銜：魏的武將

受曹操高度信賴的部將。

　　夏侯惇與曹操屬同宗族，在曹操軍裡是數一數二的猛將。當曹操發兵討伐董卓時，夏侯惇與夏侯淵一同投靠曹操。

　　董卓遭受盟軍攻擊，從洛陽逃往長安時，曹操率兵追趕，卻中了董卓養子呂布的埋伏，大敗而逃，在夏侯惇與夏侯淵等部將的護衛下，曹操才撿回一命。後來夏侯惇奉命防守兗州，遇上殺死董卓後自成勢力的呂布進攻，夏侯惇吃下敗仗。之後呂布成功從劉備手中奪取徐州，夏侯惇奉命攻打下邳，這對夏侯惇來說，無疑是一場雪恥之戰。然而就在夏侯惇帶軍衝鋒之際，呂布部下曹性射出一箭，正中夏侯惇的左眼，夏侯惇將箭矢連同眼珠一起拔出，大喊「這是父母賜給我的血肉，不可丟棄」，便將箭上的眼珠吞下肚，接著發動猛攻，殺死曹性。這件事讓夏侯惇聲望大為提高，成為人人畏懼的猛將，人稱「盲夏侯」，但夏侯惇本人

非常介意成了獨眼，每次照鏡子時都會氣得將鏡子摔地。

　　夏侯惇深受曹操信賴，在大小戰役立下無數汗馬功勞，關羽過五關、斬六將時，夏侯惇曾與其交手，但並未分出勝負。在曹操與袁紹爭奪河北霸權的官渡之戰中，夏侯惇也有英勇表現。當時許攸背叛袁紹，將袁紹軍糧草囤積在烏巢的機密告訴曹操，曹操親自率軍偷襲烏巢，命夏侯惇留守營寨，順利擊退來襲的袁紹軍。

　　但在應戰諸葛亮時，夏侯惇則總處於劣勢。新野一戰，夏侯惇軍因諸葛亮的火攻而大敗；赤壁之戰後，夏侯惇又中了諸葛亮的計謀而失去襄陽城。

　　曹操死後，曹丕繼承曹操地位，封夏侯惇為官階最高的大將軍。但據說夏侯惇見到被曹操所殺的伏皇后（獻帝的皇后）冤魂出現，嚇到生了一場大病，在曹操死後不久也跟著逝世了。

魏

曹操軍

擅長射箭的猛將

夏侯淵

■字：妙才
■生卒年：？～西元219年
■享年：不詳
■頭銜：曹操的武將
■出身：豫州沛國

德
武
運
勇
知

　　夏侯淵與曹操、夏侯惇屬同宗族，打從曹操剛舉兵時就跟隨在曹操身邊，立下不少功勞。夏侯淵擅長發動閃電戰，據說三天可行軍500里（1里約現今415公尺），六天可行軍千里。曹操在鄴城興建的宮殿「銅雀臺」落成時，夏侯淵亦曾在典禮上表演騎馬射箭的高超箭術。

　　然而，夏侯淵雖然勇猛，個性卻過於魯莽，曾受曹操告誡：「身為指揮官，行事必須慎重，不能只顧衝鋒陷陣。」可惜在對抗劉備軍的定軍山一戰，夏侯淵依然莽撞，導致重要據點遭劉備軍黃忠占據，軍隊調度被探得一清二楚，加上夏侯淵無法堅守陣地，最後遭黃忠一刀砍死。

魏

曹操軍

有「天人」之稱的猛將

曹仁

- 字：子孝
- 生卒年：西元168～223年
- 享年：56歲
- 頭銜：魏的武將
- 出身：豫州沛國

　　曹仁是曹操的堂弟，驍勇善戰，年輕時就曾為了討伐董卓而招募約一千名士兵，後來曹仁投靠曹操，跟隨曹操轉戰各地。

　　赤壁之戰結束後，曹操任命曹仁防守荊州南部，孫權軍大都督周瑜率領大軍進攻，包圍曹仁部將牛金，曹仁毫不猶豫率領數百精銳騎兵出擊，救出牛金，勇猛表現獲得「天人」的稱號。

　　曹仁於樊城一戰對抗關羽，雖然因關羽的「水淹之計」而陷入苦戰，但是仍撐到徐晃帶領援軍到來，並讓關羽負傷，逼使敵軍撤退。

　　其後，曹仁持續對抗孫吳大軍，在最前線指揮作戰，英勇事蹟流傳後世。

魏

曹操軍

曹操軍的主力戰將

曹洪

■字：子廉
■生卒年：？～西元232年
■享年：不詳
■頭銜：魏的武將
■出身：豫州沛國

德
知　　武
勇　　運

　　曹洪是曹操的堂弟，很早便追隨曹操。

　　曹操軍與董卓軍在滎陽交戰時，曹操遭徐榮擊敗，徐榮趁勝追擊，曹洪趕至現場，不僅將自己的馬讓給曹操，遇上大河擋路時，還背著曹操渡河，救了曹操一命。

　　官渡之戰中，曹洪也曾代替曹操守禦主要營寨，成功擋住袁紹大軍的攻勢。在曹操稱霸華北時，曹洪更成為曹操身邊重臣，並參與大大小小戰役與漢中爭奪戰，立下不少功勞。

　　曹操死後，由曹丕即位為魏王，接著逼迫獻帝禪讓，當上皇帝，當時率兵衝入宮中搶奪玉璽的正是曹洪。

魏
曹操軍

曹操軍的知名軍事家

荀攸

- 字：公達
- 生卒年：西元157～214年
- 享年：58歲
- 頭銜：魏的軍師
- 出身：豫州潁川郡

德 武 運 勇 知

　　荀攸是相當優秀的軍事家，才能受到許多人讚揚。荀攸起先效命於大將軍何進，但後來因暗殺董卓失敗而入獄，直到董卓死後才出獄。荀攸是荀彧的姪子，但年紀比荀彧大，在荀彧的推薦下，荀攸投靠曹操。

　　官渡之戰中，荀攸利用各種戰術及情報戰，帶領曹操軍成功擊敗人數較多的袁紹軍；赤壁之戰中，荀攸曾提醒曹操提防敵人發動火攻，但曹操並未採納，終於導致大敗。後來荀攸跟隨曹操繼續征討江南與西征，提供臨機應變的精闢分析與策略。

　　曹操即位為魏王時，荀攸抱持反對立場，引起曹操反感，荀攸憂憤成疾，不久就去世了。

擁有「王佐之才」的曹操謀臣

荀彧

■字：文若

■生卒年：西元163～212年

■享年：50歲

■頭銜：曹操的謀臣

■出身：豫州潁川郡

不僅能力優秀且品德高尚。

據說荀彧相貌英俊，年輕時就聲名遠播，有王佐之才的讚譽。

原本荀彧是袁紹的部下，但後來荀彧對袁紹大感失望，認為曹操才是真正值得追隨的主公，於是便帶著姪子荀攸一同投靠曹操，曹操獲知後大喜過望，言：「文若（荀彧）就像是我的子房（「子房」是漢高祖劉邦知名謀臣張良的字）。」

荀彧舉薦過相當多優秀的人才，例如曹操的另一個重要謀臣程昱。曹操「挾天子以令諸侯」也是出於荀彧的建議，曹操政權能夠如此穩固，荀彧功不可沒。

曹操帶兵出征時，多由荀彧留守根據地，代理推行政務。劉備投靠曹操時，荀彧看出劉備的威脅性，曾建議曹操趁早殺了劉備；後來曹操與袁紹在官渡交戰，袁紹兵力太過龐大，曹操有退兵的打算，寫信回許徵詢荀彧的意見，荀彧回答「局勢馬上就會改變，絕對不能退兵」。曹操受到鼓舞，最終在官渡之戰中獲得勝利。

曹操非常器重荀彧，曾說「荀彧的功勞遠勝於戰場上的衝鋒陷陣」，然而曹操與荀彧間深厚的信賴關係，卻在曹操欲晉升魏王時出現裂痕，荀彧認為自己還是漢朝的臣子，不認同曹操的決定，曹操心中氣憤，派人送了個空盒給荀彧，荀彧看出曹操意指自己「已無用處」，於是服毒自盡。曹操得知荀彧自殺，心中無限懊悔，便派人將其厚葬。

位於河南省許昌市的「漢荀氏八龍塚」，祭祀的是包含荀彧的父親荀緄在內的荀氏八兄弟。

■字：奉孝

■出身：豫州潁川郡

■生卒年：西元170～207年

■享年：38歲

■頭銜：曹操的謀臣

與曹操魚水相得，可惜英年早逝。

郭嘉年少時即有遠見，見漢末朝政敗壞，天下將會大亂，便一度隱居山林，不與世俗來往。後來因緣際會下成為袁紹部下，但因對袁紹失望而離去。在程昱的引薦下與曹操見了一面，兩人共論天下大事，甚為投緣，於是決定投靠曹操。

郭嘉見微知著、洞燭機先，當曹操攻打徐州陶謙時，依附陶謙的劉備派人前來談和，曹操本想殺死使者，但郭嘉主張應該賣劉備一個人情，勸阻曹操出手。之後，當曹操想要除掉呂布時，確實曾有一段時間得到劉備的協助。

當曹操攻打堅守下邳城的呂布時，由於久攻不下而欲退兵，郭嘉與荀彧一同提出水淹之計，終讓曹操獲得勝利。

官渡之戰時，郭嘉也曾列舉出袁紹的十大弱點，令曹操信心大增。此戰能夠獲勝，郭嘉的戰略分析確有不小的功勞。

此外，當時吳軍孫策一直對許都虎視眈眈，曹操本欲出兵，但郭嘉認為孫策的個性急躁，必將死於小人之手，不足為懼。沒多久果然如郭嘉預測，孫策遭人謀殺。

袁紹病逝後，郭嘉曾預測袁紹的三個兒子必會為了繼承權而反目，於是建議曹操採取各個擊破的戰術，以致節節勝利。

曹操對北方的遊牧民族「烏桓」發動遠征時，郭嘉亦曾建議不要派出大軍，改以輕騎兵發動快攻，這些戰術都為曹操軍迎來勝利。

但在曹操平定河北期間，郭嘉身染重病，加上水土不服使得病情加重，年僅三十八歲就病逝了，曹操為此感到惋惜不已。

赤壁之戰曹軍大敗後，曹操曾感嘆「如果奉孝（郭嘉）還活著，一定不會讓我犯下這麼大的錯誤」，此後亦常懷念郭嘉，足見郭嘉在其心中的地位。

魏

曹操軍

協助曹操擴張勢力的謀臣

程昱

90

■ 字：**仲德**

■ 生卒年：**西元141～220年**

■ 享年：**80歲**

■ 頭銜：**曹操的謀臣**

■ 出身：**兗州東郡**

擅長找出敵人的弱點並加以利用。

　　程昱身高約191公分，原本隱居山中讀書，多次受朝廷的徵召，但始終不肯出來做官。

　　曹操就任兗州牧時，程昱在荀彧引薦下與曹操會面，認為曹操具君主氣度，於是允諾出仕為其效命，成為曹操陣營中的重要謀臣。

　　曹操的父親曹嵩不幸遭徐州陶謙的部下殺害，曹操得知後勃然大怒，派出軍隊屠殺徐州城，呂布趁機攻打兗州，留守的程昱與荀彧運用各種防禦之計，成功守住兗州重要據點，未讓呂布順利攻陷。

　　官渡之戰後隔年，袁紹與曹操兩軍發生倉亭之戰，曹操兵力遠不及袁紹，程昱提出「十面埋伏之計」，先讓軍隊撤退至黃河邊，分成多支部隊埋伏各處，接著許褚假裝戰敗逃走，引誘袁紹軍進入「背水之陣」。

　　原本居於劣勢的曹操，靠著背水一戰的氣勢和多支部隊的側面攻擊，終於一口氣殲滅敵軍，大破袁紹。

　　當諸葛亮的同窗好友徐庶以假名「單福」投靠劉備時，程昱看穿單福的真實身分，設法誘騙徐庶母親，取得其親筆寫下的書信，再模仿其筆跡，寫了封假信給徐庶，成功將徐庶騙至曹操陣營，足見程昱的老謀深算並擅於心計。

　　赤壁之戰時，程昱與荀攸提醒曹操提防火攻，但曹操認為當時的季節不可能吹起東南風，所以不以為意。

　　後來，曹軍大敗，曹操倉皇逃走，在華容道上遭敵軍關羽攔截，程昱看出關羽重情重義，建議曹操以過去的恩情說服關羽網開一面，關羽果然答應縱放曹操離開。

　　程昱的性格剛強急躁，經常意見與旁人相左，且容易與人結怨，但曹操能夠順利擴張勢力，謀臣程昱功不可沒。

以少數兵馬擊潰孫權大軍的猛將

張遼

■ 字：**文遠**

■ 出身：**并州雁門郡**

■ 生卒年：**西元169～222年**

■ 享年：**54歲**

■ 頭銜：**魏的武將**

武藝高強的忠義之士。

　張遼原是呂布的部將，關羽看出其才能，以「像你這樣的人才，當呂布的手下實在太可惜」之言，與其建立起深厚的情誼。

　呂布遭曹操擊敗後處死，在關羽與劉備的居中說情下，曹操決定招降張遼，此後張遼成為曹操的忠實部將。

　張遼雖身處曹操軍，但始終沒有忘記關羽的恩情，當關羽在下邳一戰中敗給曹操時，張遼為救關羽一命，說服關羽暫時留在曹營，而當關羽得知劉備下落，欲離開曹操身邊卻遭夏侯惇阻擋時，也是張遼協助，才得以順利離開。

　真正讓張遼凸顯其身手的機會，發生在曹操軍與孫權軍交戰時，正當曹操在赤壁一戰落敗之際，黃蓋衝上前來攻擊，張遼一箭射中黃蓋，救了曹操性命。

　後來，曹操命令張遼防守合肥，張遼與孫權軍激烈交戰，成功讓太史慈負傷，逼迫孫權軍撤退。此後，張遼帶領魏軍，又打了好幾次的勝仗。

　曹丕親自率軍攻打吳國時，中了吳國將領徐盛的計謀，陷入九死一生的險境，所幸張遼救出曹丕，但自己卻受了箭傷，最終傷重不治而亡，曹丕於是下令厚葬張遼。

　張遼的勇猛深植在敵軍吳國人的心中，因此吳國有俗語：「聽到張遼名，孩童不敢哭」、「張遼威震逍遙津」。

位於安徽省合肥市逍遙津公園內的張遼像，此處亦為三國古戰場。

魏

曹操軍

連諸葛亮軍也畏懼的猛將

張郃

■ 字：儁乂

■ 生卒年：？～西元231年

■ 享年：不詳

■ 頭銜：魏的武將

■ 出身：冀州河間郡

即使與張飛單挑也不曾落敗。

張郃原是袁紹的部將，在與公孫瓚軍交戰時表現活躍。官渡之戰中，曹操軍襲擊烏巢，袁紹不肯聽從張郃建議，導致兵糧庫遭曹操軍襲擊而大敗，張郃甚至還遭他人誣陷。

類似這樣不聽諫言的例子不勝枚舉，張郃大感失望，因而投靠曹操。

曹操獲知張郃歸順後相當開心，將張郃比喻成效命於漢高祖的名將韓信。

張郃受曹操重用，成為曹操軍將領後，不僅人緣好，在大小戰役中都有傑出的表現，立下許多戰功，但對抗劉備軍時仍多次陷入苦戰。

長坂坡之戰中，張郃率軍追趕懷抱劉備稚兒劉禪的蜀軍名將趙雲，成功引誘其跌入陷阱，沒想到這時突冒出一陣神奇紅光，趙雲連人帶馬從坑裡飛了出來，張郃嚇了一大跳，不敢再繼續向前追趕。

在巴西郡攻打劉備軍時，張郃軍遭張飛用計擊退；葭萌關一戰，張郃軍遭黃忠、嚴顏擊敗；定軍山一戰，張郃勸夏侯淵不要出擊，夏侯淵不聽，執意出擊而遭黃忠斬殺。

不過，張郃的武藝仍是不容小覷，張郃曾數次與張飛單挑，不分勝負，就連諸葛亮見到張郃奮戰的戰鬥勇姿，也預測「此人必定會成為蜀軍的威脅」，後來的確一語成讖。

蜀軍第一次北伐時，張郃攻打街亭，先斷絕蜀軍取水的道路再步步進逼，順利擊敗馬謖，這可說是張郃一生中最成功的一場戰役。

陳倉之戰（第二次北伐）時，張郃率領援軍阻擋諸葛亮的攻勢；祁山攻略戰（第四次北伐）中，張郃與司馬懿一同對抗諸葛亮，張郃帶兵追趕，與蜀軍交戰，但因誤中諸葛亮的陷阱而戰死沙場。

擅長算計他人的老狐狸

賈詡

- 字：文和
- 生卒年：西元147～223年
- 享年：77歲
- 頭銜：曹操的謀臣
- 出身：涼州武威郡

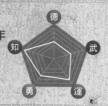

賈詡是曹操的謀臣，從年輕時便展現出過人的智慧。初期賈詡效命於董卓，董卓死後曾協助李傕與郭汜，後來投靠張繡，在宛城時差點就殺了曹操。

在袁紹與曹操對抗的官渡之戰中，賈詡看出曹操的實力，於是和張繡一起歸順曹操。

後來曹操在潼關對抗涼州馬超時，賈詡提出「離間計」，讓敵人馬超、韓遂反目成仇，協助曹操軍獲勝。雖然賈詡曾經與曹操為敵，但在投靠曹操後仍獲得曹操的信賴。

曹操死後，曹丕繼位，對賈詡仍相當器重。曹丕逼迫獻帝禪讓，順利登基為帝，整個過程也是由賈詡負責安排策畫。

魏　曹操軍

力大無窮的貼身護衛

許褚

- 字：仲康
- 生卒年：不詳
- 享年：不詳
- 頭銜：魏的武將
- 出身：豫州沛國

　　許褚是曹操手下猛將，身高約 184 公分，據說腰圍有 120 公分，擁有一身蠻力，曾拉住兩頭牛的尾巴，拖行上百步。

　　身為曹操貼身護衛，只要敵人靠近，都會遭到許褚斬殺，因此獲得曹操的信賴，曾讚「許褚就像是我的樊噲（漢高祖劉邦手下的猛將，據說力大無窮）。」

　　潼關一戰中，曹操遭馬超軍猛攻，面臨生死危機，許褚守護曹操搭上船隻逃走，以馬鞍為曹操擋下無數箭矢，當駕船的士兵都被馬超以箭射死時，許褚一手保護曹操，一手握篙撐船，用兩隻腳操控船舵，終於逃離馬超的追殺。後來許褚與馬超單挑數百回合，勝負未分。

　　據說曹操病逝時，許褚聞之嚎啕大哭，哭到口中嘔出鮮血。

以生命守護曹操的勇士

曹操軍

典韋

■字：不詳
■生卒年：？～西元197年
■享年：不詳
■頭銜：魏的武將
■出身：兗州陳留郡

　　典韋是曹操親衛隊當中的勇士。據說典韋擁有一身怪力，被曹操的部將夏侯惇看上，招募至曹操軍中。典韋負責護衛曹操，兩手可各拿起一把約18公斤的鐵戟（一種結合戈與矛的兵器，前端和側邊都有利刃）。據說連數十名士兵都抓不牢的大旗桿，典韋卻能以單手撐起，因此曹操曾讚其如同「古之惡來」（紂王

的近臣，據說孔武有力）。

　　曹操在宛城一戰對抗張繡時曾遭遇危險，原本已經投降的張繡突然反叛，先將典韋灌醉，再派兵偷襲曹操。典韋在酒醉中驚醒，赤手空拳擊殺數十人，最後力盡而亡。

　　典韋的壯烈犧牲讓曹操感到惋惜，據說往後曹操每次經過典韋喪生之地，都會前往弔祭。

魏 曹操軍

帶著棺材出戰的武將

龐德

- ■ 字：令明
- ■ 生卒年：？～西元219年
- ■ 享年：不詳
- ■ 頭銜：魏的武將
- ■ 出身：涼州南安郡

　　龐德曾追隨馬超和張魯，後來歸順曹操。其兄長身處劉備陣營，大家都懷疑他會暗中勾結，所以在曹操軍中並不受信賴。

　　樊城之戰時，曹操命龐德對抗關羽，龐德向曹操磕頭流出鮮血，以示忠心。臨行之際，龐德命人製作一副棺材帶在身邊，揚言自己或關羽必定有一方會躺在裡頭。對戰時，龐德射中關羽，但仍兵敗遭擒。關羽勸降，龐德因不肯答應而遭斬首。

魏 曹操軍

不受信任而死於非命的豪族

蔡瑁

- ■ 字：德珪
- ■ 生卒年：？～西元208年
- ■ 享年：不詳
- ■ 頭銜：荊州豪族
- ■ 出身：荊州襄陽郡

　　蔡瑁是荊州豪族出身，原追隨荊州刺史劉表，後來為了爭奪荊州統治權而企圖暗殺劉備，但沒有成功。蔡瑁的姐姐嫁給劉表為妻，劉表死後，蔡瑁以強硬手段擁立外甥劉琮繼承劉表地位。

　　曹操攻打荊州時，蔡瑁與劉琮一同歸順曹操。赤壁之戰中，曹操原本將水軍交給蔡瑁負責統率，但吳軍周瑜故意放出「蔡瑁勾結吳」的假消息，成功誘使曹操處死蔡瑁。

文武雙全、才華洋溢的魏國開國皇帝

曹丕

■ 字：子桓
■ 諡號：文帝
■ 生卒年：西元187～226年
■ 享年：40歲
■ 頭銜：魏國開國皇帝

■ 出身：豫州沛國

文學評論集《典論》的作者。

曹丕是曹操的長子，據說出生時有一團青色雲氣凝聚在產房上空，終日不散，占卜師見之預言此乃至尊的象徵。

曹丕自幼愛好文學，允文允武，與父親曹操及弟弟曹植並稱「三曹」。

曹丕和曹操很像，不僅博學多聞、思緒清晰，而且擁有文學上的才華。

曹丕更精通武藝，擅長劍術和騎馬射箭。

為與弟弟曹植爭奪繼承權，曹丕聽從謀臣賈詡的建議，在父親曹操的面前裝出忠誠、耿直的形象，這個策略確實奏效，曹操果然立曹丕為世子，曹丕正式成為曹操的繼承人。

曹操死後，曹丕繼承了父親的丞相職務和魏王的地位，執掌大權。

之後，曹丕逼迫東漢獻帝禪讓，登基為帝，建立魏國，並將首都從許都遷至洛陽。

曹丕在位期間，魏國內政相當穩定，可見曹丕亦具有治國的才能。

曹丕任內制定了一套官吏錄用制度，名為九品中正制（或稱九品官人法），這套制度讓魏國朝廷成功從地方豪族手中奪回人事任命權，但到了司馬氏的西晉時代，這套制度卻形成了貴族壟斷官職的弊端。

孫權曾一度歸順曹丕，受封為吳王，與曹丕兩人建立起君臣關係。

然而，後來孫權與蜀國恢復同盟，曹丕得知後大怒，數次率領大軍討伐孫吳，但最後都鎩羽而歸。

相傳曹丕妻子甄氏是位絕色美女，當初曹操攻打袁紹時，曹丕在袁紹的宅第對甄氏一見鍾情，於是以強硬手段將她納為妻室。甄氏嫉妒心很重，傳聞數次對曹丕口出惡言，最後遭曹丕逼迫，自盡而亡。

曹植

- 字：子建
- 生卒年：西元192～232年
- 享年：41歲
- 頭銜：魏國皇族
- 出身：豫州沛國

　　曹植是曹操的兒子，在文學上有極高的造詣。曹植與哥哥曹丕感情不睦，曹丕曾為了找藉口殺害他，逼迫他在七步內作出一首詩，曹植不僅作了出來，詩句間還流露出對兄弟間互相逼害的無奈。

　　曹操本欲立曹植為世子，但發現曹植不僅貪杯，而且缺乏危機意識，曹操大失所望，因而改立曹丕。最後曹植因病去世，結束不得志的一生。

魏

曹操軍

重用司馬懿的魏國皇帝

曹叡

- 字：元仲
- 諡號：明帝
- 生卒年：西元204～239年
- 享年：36歲
- 頭銜：魏國第二代皇帝
- 出身：豫州沛國

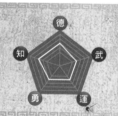

　　曹叡是曹丕的兒子，二十三歲時繼承帝位，成為魏國第二代皇帝。因蜀國馬謖的「離間計」，曹叡曾一度懷疑司馬懿有叛變之心，所以剝奪其兵權，但司馬懿一離開，魏軍實力登時大減，無法抵禦諸葛亮的攻勢，最後曹叡只能找回司馬懿，重新委以兵權。

　　在國內政治上，曹叡大建宮殿，耗損國力資源，再加上年紀輕輕就病逝，這些都是導致司馬家族有機會奪權的原因。

鞏固司馬氏政權的司馬懿長子

司馬師

- 字：**子元**
- 諡號：**景帝**
- 生卒年：**西元208～255年**
- 享年：**48歲**
- 頭銜：**魏的武將**
- 出身：**司隸河內郡**

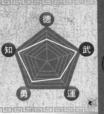

　　司馬師是司馬懿的長子，擁有父親遺傳的領導能力和精確的判斷力。初期司馬師隨父親對抗諸葛亮的北伐軍，後來又協助父親發動政變，在父親死後成功掌握魏國大權。

　　皇帝曹芳不甘心成為傀儡，暗中策畫殺死司馬師，但遭司馬師逼迫退位，改立曹髦為帝。然而這個舉動引發將領叛亂（毌丘儉之亂），司馬師雖成功平定，但不久後就病逝了。

繼承父親及兄長遺志的智將

司馬昭

- 字：**子上**
- 諡號：**文帝**
- 生卒年：**西元211～265年**
- 享年：**55歲**
- 頭銜：**魏的武將**
- 出身：**司隸河內郡**

　　司馬昭是司馬懿的次子，曾隨父親一起對抗諸葛亮的北伐軍，後來哥哥司馬師病逝，司馬昭繼承其地位，掌握魏國實權，是著名的政治家與軍事家。

　　魏國的諸葛誕（諸葛亮的堂弟）擔心司馬氏權勢過於強大，因此與吳國聯手發動叛亂，司馬昭不僅成功鎮壓，還殺死了企圖反抗的皇帝曹髦。

　　之後司馬昭派兵消滅蜀國，自封為晉王。

曹操軍

歸順關羽而敗損名聲的將領

于禁

- 字：文則
- 生卒年：？～西元221年
- 享年：不詳
- 頭銜：魏的武將
- 出身：兗州泰山郡

于禁擅長騎馬和射箭，打從曹操在兗州崛起，就一直跟隨在曹操身邊。在對抗張繡的宛城之戰和對抗袁紹的官渡之戰中，于禁都有傑出的表現，但在樊城對抗關羽時，卻因關羽的水淹之計而兵敗遭擒。

成為俘虜的于禁跪地求饒，並願意投降，曹操得知後非常失望。後來于禁回到魏，曹丕故意讓其看見跪地求饒的壁畫，于禁羞愧不已，不久後就病死了。

曹操軍

從小人物變身將軍的戰士

樂進

- 字：文謙
- 生卒年：？～西元218年
- 享年：不詳
- 頭銜：魏的武將
- 出身：兗州陽平郡

樂進在曹操率兵加入討伐董卓盟軍時就已追隨曹操。據說他的身材矮小，卻是射箭高手，在戰場上十分勇猛。

樂進參與過許多戰役，由小人物逐漸往上爬，最後當上將軍，還曾與張飛交戰。濡須口一戰，樂進與凌統一對一單挑，猛將甘寧突然射出一箭，這箭擊中樂進臉部，樂進頓時摔下馬匹。此後，樂進的表現就不若以往活躍了。

魏

曹操軍

沉著冷靜的將領

徐晃

■ 字：公明
■ 生卒年：？～西元227年
■ 享年：不詳
■ 頭銜：魏的武將
■ 出身：司隸河東郡

　　徐晃原是東漢將軍楊奉的部將，與曹操敵對，後來經說服改投靠曹操。徐晃以一柄大斧作為武器，據說個性十分嚴謹。

　　樊城之戰中，曹操軍龐德、于禁都敗給關羽，於是曹操派出徐晃對戰，徐晃與關羽為同鄉好友，但徐晃在交戰時並未夾帶私情，最後大破關羽軍。然而後來降魏的蜀將孟達造反，徐晃在交戰過程中不幸中箭受傷，魏明帝派人為他尋藥，仍不治而死。

魏

曹操軍

從早期就追隨曹操的智將

李典

■ 字：曼成
■ 生卒年：不詳
■ 享年：不詳
■ 頭銜：魏的武將
■ 出身：兗州山陽郡

　　李典是相當早期就追隨曹操的部將，據說李典不喜歡與他人競爭，個性謙虛而謹慎。

　　在對抗劉備軍的博望坡之戰中，李典看出劉備軍的計謀，曾提醒大將夏侯惇，但夏侯惇並未採納，後來夏侯惇陷入危機，還是李典將他救了出來。在對抗孫權軍的合肥之戰中，樂進與張遼發生爭執，由李典居中當和事佬，之後李典和張遼一起帶領少數精銳部隊，擊敗孫權大軍。

魏 曹操軍

對司馬昭發動政變的將領

諸葛誕

- 字：公休
- 生卒年：？～西元258年
- 享年：不詳
- 頭銜：魏的武將
- 出身：徐州瑯琊郡

諸葛誕是諸葛亮的堂弟，或許是因為這個緣故，諸葛誕在魏國一直未受到重用。

後來諸葛誕對司馬昭發動政變，對外勾結吳國，叛亂的規模相當大，但遭司馬昭大軍鎮壓，諸葛誕戰死沙場。

諸葛誕死後，其麾下數百名親兵被俘，全都寧願遭處死而不肯投降，更說：「為諸葛公死，不恨。」令司馬昭感到相當欽佩，因此下令將他們厚葬。

魏 曹操軍

官至太尉卻慘遭殺害的曹操之父

曹嵩

- 字：巨高
- 生卒年：？～西元193年
- 享年：不詳
- 頭銜：東漢太尉
- 出身：豫州沛國

曹嵩是曹操的父親，原本姓夏侯，後來因成為宦官曹騰的養子，所以改姓曹。曹嵩利用義父曹騰留下的龐大家產，買下太尉的官位。

當曹操與袁術交戰時，原本住在徐州的曹嵩欲前往兗州倚靠兒子曹操，沒想到卻遭徐州刺史陶謙的部下殺害。

曹操得知父親的死訊後勃然大怒，派兵殺死徐州許多無辜百姓。

魏 曹操軍

投降曹操的荊州守將

文聘

- 字：仲業
- 生卒年：不詳
- 享年：不詳
- 頭銜：曹操的武將
- 出身：徐州南陽郡

　　文聘原是劉表部將，負責防守荊州，在曹操攻打荊州時，文聘歸順曹操。文聘在曹操面前示弱，感嘆自己的無能，反而獲得曹操的信賴。

　　長坂坡之戰中，文聘帶兵追擊趙雲，遭張飛干擾而未能成功阻擋；赤壁之戰中，文聘試圖擋下黃蓋的火船，但肩頭中箭，最後宣告失敗。雖然文聘幾乎沒有重要的戰功，但參與大小戰役，仍是建下不少汗馬功勞。

魏 曹操軍

被諸葛亮戲耍的將領

曹真

- 字：子丹
- 生卒年：？～西元231年
- 享年：不詳
- 頭銜：魏國的武將
- 出身：豫州沛國

　　曹真與曹操屬同宗族，曾看穿蜀軍陷害司馬懿是為了削弱魏軍實力，可見頗具才能，在魏亦具有人望，但因在戰場上屢次失利，逐漸失去自信。

　　在對抗蜀軍北伐的街亭之戰和陳倉之戰中都有活躍表現，但一來經常被諸葛亮耍得團團轉，二來面對司馬懿也抱持著自卑感，最後曹真讀了諸葛亮寄來的一封辱罵之信，竟然就這麼氣死了。

魏

敗給司馬懿的皇帝輔臣

曹操軍

曹爽

- **字**：昭伯
- **生卒年**：？～西元249年
- **享年**：不詳
- **頭銜**：魏的武將
- **出身**：豫州沛國

　　曹爽是名將曹真的長子。魏國第二代皇帝曹叡年紀輕輕就過世，加上親生兒子們相繼早夭，因此將帝位傳給養子曹芳。曹叡臨終前，委託曹爽與司馬懿共同輔佐幼帝。

　　曹爽藉故排擠司馬懿，削弱其實權，企圖獨攬魏國大權，但是卻因疏於防備，某次曹爽外出祭祀時，司馬懿趁機發動政變，擒住曹爽。不久後，司馬懿就羅織罪名將其滅族。

魏

禪讓帝位的末代皇帝

曹操軍

曹奐

- **字**：景明
- **謚號**：元帝
- **生卒年**：西元246～302年
- **享年**：57歲
- **頭銜**：魏國第五代皇帝
- **出身**：豫州沛國

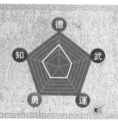

　　曹奐是曹操的孫子。魏國第四代皇帝曹髦企圖打倒司馬昭，卻反遭司馬昭殺害，由年僅十五歲的曹奐即位為第五代皇帝，然而魏國的政治實權，還是掌握在司馬昭的手上。

　　西元263年，司馬昭成功派兵消滅蜀國，曹奐迫於無奈，封司馬昭為晉王。

　　不久後司馬昭病逝，曹奐遭司馬昭的兒子司馬炎逼迫讓出帝位，魏國滅亡。

魏 曹操軍

統一天下的西晉開國皇帝

司馬炎

- 字：安世
- 諡號：武帝
- 生卒年：西元236～290年
- 享年：55歲
- 頭銜：晉國開國皇帝
- 出身：司隸河內郡

　　司馬炎是司馬昭的長子，據說頭髮長到站著的時候垂到地面，手臂則長過膝蓋。

　　司馬炎逼迫曹奐禪讓，正如同當年曹丕逼迫漢獻帝禪讓一樣。曹奐迫於無奈，只能答應，司馬炎於是成為晉國（西晉）的開國皇帝。

　　當時吳國國力漸衰，司馬炎發兵攻打，吳國孫皓投降，在西元280年司馬炎消滅吳國，統一天下。

魏 曹操軍

消滅蜀國卻成為叛賊的將軍

鄧艾

- 字：士載
- 生卒年：？～西元264年
- 享年：不詳
- 頭銜：魏的武將
- 出身：荊州義陽郡

　　鄧艾是魏的將領，因能力受到司馬懿賞識，而當上將軍。鄧艾與鍾會共同討伐蜀，由於蜀地地勢險峻，稱得上是天然的要塞，正面進攻肯定沒有勝算，於是，鄧艾事先取得蜀地地形圖，翻山越嶺進軍，成功讓蜀軍投降。但是，後來鄧艾與鍾會反目，再加上中了姜維的計謀，鄧艾最後竟成為叛賊，在亂軍中遭到殺害。

魏

曹操軍

消滅蜀國卻造反未成的將軍

鍾會

- 字：**士季**
- 生卒年：**西元225～264年**
- 享年：**40歲**
- 頭銜：**魏的武將**
- 出身：**豫州潁川郡**

　　鍾會是曹魏政治家鍾繇的兒子，經常對司馬昭提出建言，深受司馬昭信賴，後來司馬昭任命鍾會為將軍，與鄧艾一同出兵消滅蜀國。

　　然而鍾會野心勃勃，在蜀國滅亡後企圖在該地自立，進而奪取天下。

　　蜀國將軍姜維為重建蜀國，趁機接近鍾會，欲讓鍾會、鄧艾反目而兩敗俱傷。鍾會始終未察覺姜維的計謀，但姜維因機密外洩，導致軍隊大亂，最終與鍾會死於亂軍之中。

魏

曹操軍

大聲責罵哥哥曹丕的獻帝之后

曹皇后

- 名：**節**
- 生卒年：**？～西元260年**
- 享年：**不詳**
- 頭銜：**獻帝的皇后**
- 出身：**豫州沛國**

　　曹皇后是曹操的女兒，原是獻帝的嬪妃，在伏皇后死後，成為獻帝的皇后。

　　伏皇后之所以會死，是因為無法忍受曹操的蠻橫無禮，與獻帝一同密謀暗殺曹操，但因計畫洩漏而慘遭處死。

　　曹操病逝後，兒子曹丕逼迫獻帝禪讓，曹皇后曾對著哥哥曹丕派來的手下大罵逆賊，而後哭著奔進內室。

三國志人物傳

THE THREE KINGDOMS

吳

孫權軍

吳

孫權軍

巧妙利用外交擴張勢力的吳國皇帝

孫權

■ 字：**仲謀**
■ 諡號：**大皇帝**
■ 生卒年：**西元182～252年**
■ 享年：**71歲**
■ 頭銜：**吳國初代皇帝**

■ 出身：**揚州吳郡**

靠著腳踏實地的施政方針，
增強吳國國力。

　　據說孫權有雙藍色的眼睛，嘴巴寬大，頷骨外張且有著紫色的鬍鬚。由於父親孫堅與哥哥孫策都早逝，孫權從很年輕時就成為豪族孫家的領導者。

　　打從哥哥孫策那一代起，孫家就以周瑜、張昭作為謀臣，國力迅速增強。後來曹操南征，群臣面對曹操威脅，大多建議歸順曹操，但跟著魯肅來到孫吳的劉備軍師諸葛亮，主張應興兵對抗曹操，更以「如果要投降曹操，乾脆把孫策妻子大喬和周瑜妻子小喬送給曹操」作為挑釁言詞，說服周瑜贊成與曹操決戰，孫權最後拔出長劍砍斷桌子一角，以示與曹操開戰的決心。

　　孫權軍與劉備軍攜手合作，在赤壁之戰中大破曹操軍，孫權一邊與劉備軍交涉，一邊逐漸擴大勢力範圍。孫權軍在揚州的合肥、濡須口等地與曹操軍發生數次大戰，合肥一戰中，孫權受張遼挑釁，親自前往前線作戰，差

點丟失性命，事後部下張紘指責孫權不該如此魯莽，孫權虛心承認過錯。

　　當劉備的實力日益增強時，孫權反過來與曹操結盟，共同對抗劉備。關羽揮軍北上，孫權趁機出兵夾擊，成功殺死關羽，劉備怒不可遏，舉兵攻吳為關羽報仇，但遭孫權軍擊敗，孫權就此占據荊州。之後，孫權再次與蜀結盟，改為共同對抗魏。

　　西元229年，孫權即位登基為帝，成為吳國建國皇帝，但晚年時，兒子們因繼承權問題而爭執不休，吳國國力便開始衰退。

位於江蘇省南京市的孫權像。

113

擊敗董卓，為吳國奠基的英雄

孫堅

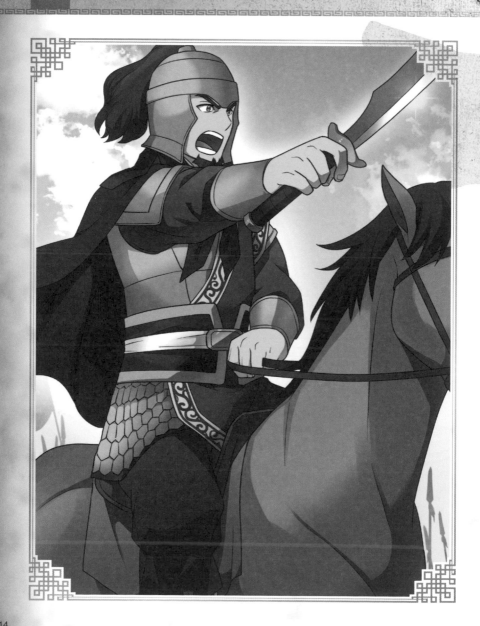

■ 字：**文臺**

■ 諡號：**武烈帝**

■ 生卒年：**西元155～191年**

■ 享年：**37歲**

■ 頭銜：**東漢武將**

■ 出身：**揚州吳郡**

智勇雙全，但時運不濟。

　　據說孫堅的祖先是春秋時代（西元前 8 ～ 前 5 世紀）著名的兵法家、政治家、《孫子兵法》的作者孫武。

　　相傳孫堅虎背熊腰，臉孔極大且額頭寬闊，身穿銀白色的鎧甲，腰間佩有一把刀。年輕時曾靠著斬殺海賊，展現過人膽識，因而聲名遠播。

　　孫堅三十歲時，地方爆發黃巾之亂，孫堅投靠東漢將軍朱儁共同討伐黃巾賊，深入敵營、奮勇殺敵，後因平亂而享盛名，獲任命為長沙太守。

　　後來，各路諸侯組成盟軍，起兵討伐施行暴政、荒淫無道的董卓，孫堅的軍隊成為核心勢力之一。

　　孫堅不僅驍勇善戰，就連敵人董卓也曾稱其「善於用人」。

　　然而，在對抗董卓軍時，袁術因為忌憚孫堅能力，故意不發放兵糧，兩人因此產生嫌隙；但後查明為受人挑撥，兩人終言歸於好。

　　之後，董卓眼見苗頭不對，下令焚燒洛陽，率軍逃往長安，孫堅進入洛陽，看見皇族陵墓被董卓挖開，取走珍寶，不禁淚流滿面，便命手下整理宮殿和修復陵墓。

　　在此期間，孫堅在洛陽宮殿的一口井裡發現東漢皇帝代代相傳的「傳國玉璽」。

　　討伐董卓盟軍的盟主袁紹得知孫堅持有傳國玉璽後，懷疑孫堅有叛漢自立的野心，逼迫孫堅交出玉璽，但搶奪未成，袁紹便指示荊州劉表襲擊孫堅，但孫堅成功逃脫。

　　而後，袁術偷偷寫信提醒孫堅，劉表又將發兵攻打，孫堅盛怒下決定出兵。

　　但這次劉表的背後同樣也有袁紹暗中支援，孫堅在與劉表部將黃祖交戰時，一時輕敵，中了敵軍計謀，受巨石及亂箭擊中，慘死戰場。

在江東一帶擴張勢力的小霸王*

孫策

- 字：伯符
- 諡號：桓王
- 生卒年：西元175～200年
- 享年：26歲
- 頭銜：東漢武將

- 出身：揚州吳郡

知　德　武　運　勇

雖然勇猛但性格急躁，
年紀輕輕就丟了性命。

　　孫策是孫堅的長子、孫權的哥哥，據說是個個性開朗的美男子。父親孫堅戰死時，孫策年僅十七歲。

　　孫策後來投靠袁術，黃蓋、程普等當初孫堅麾下的得力部將都繼續追隨孫策，不離不棄，願效忠孫家。

　　袁術一方面藉由孫策的戰力積極擴張領土，一方面卻又畏懼孫策強大的能力與背後的資源，因此始終不肯任命他擔任重要的職位。孫策為了實現父親孫堅的心願，以父親在洛陽發現的「傳國玉璽」作為交換條件，加上出兵拯救舅舅為名（當時孫策的舅舅吳景遭受揚州刺史劉繇攻打），向袁術商借兵馬。

　　率兵途中，孫策遇到少年時期的好友周瑜帶兵馬前來投靠，在周瑜引薦下，孫策得到張昭、張紘等優秀人才。

　　孫策單挑劉繇手下猛將太史慈，起先兩人打得難分難解，而後孫策打敗劉繇，太史慈歸順孫策，令孫策的戰力更上一層樓，實力大增。

　　袁術稱帝後，定國號為仲，孫策對袁術稱帝的舉動大為憤怒，於是寫信給袁術，表示兩人恩斷義絕。

　　之後孫策的勢力繼續向外擴張，幾乎得到江東、江南大部分的土地。

　　孫策原本打算攻打許都曹操，就在即將出兵之際，吳郡太守許貢叛變，向曹操示好，孫策殺死許貢，卻遭許貢部下偷襲而受重傷。

　　醫生囑咐孫策休養一百天，但孫策個性急躁，二十幾天後就急著出兵，又因殺死仙人于吉，常見到于吉的幻影出現，導致身體越發虛弱，不久後就病故了。

*小霸王：推翻秦朝的項羽（西元前232～前202年）有「霸王」之稱，後人以項羽比擬孫策，所以稱他為「小霸王」。

吳

孫權軍

在赤壁一戰大獲全勝的將軍

周瑜

■ 字：**公瑾**

■ 生卒年：**西元175～210年**

■ 享年：**36歲**

■ 頭銜：**孫策、孫權的武將**

■ 出身：**揚州盧江郡**

德
武
運
勇
知

足智多謀，但易意氣用事。

周瑜出身於揚州盧江郡首屈一指的名門世家，據說不僅外貌俊美，且有非常深的音樂造詣，因此有「美周郎」之稱。

周瑜與孫策年紀相仿，情同手足，在孫策為了攻打劉繇而出兵時，周瑜帶著人馬趕來支援。後來孫策勢力擴大至整個江東、江南地區，周瑜也成為統領數萬兵馬的年輕將軍。孫策在二十六歲死於非命，周瑜改為效忠孫策的十九歲弟弟孫權，全力輔佐孫家擴張勢力。

曹操發動南征時，孫家重臣們大多勸孫權歸順曹操，但周瑜從劉備軍師諸葛亮口中得知「曹操的真正目的是搶奪大喬（孫策妻子）和小喬（周瑜妻子）」，氣得大為光火，立即主張與曹操開戰。

孫權決定出兵後，將調度大權交付周瑜，周瑜帶領大軍朝赤壁進擊，兩軍第一次交戰由周瑜軍獲得勝利，但隨即陷入僵持不下的局面。

於是周瑜決定發動火攻，在黃蓋的「苦肉計」和諸葛亮呼喚東風的協助下，計謀相當成功，大火焚毀了曹操艦隊。周瑜在此次戰役中雖大獲全勝，但對諸葛亮的能力卻更加忌憚。

對於亟欲奪取荊州的孫家而言，劉備的勢力就如同一塊絆腳石，周瑜想盡辦法除掉劉備，但每一條計策都遭諸葛亮看穿。周瑜病逝前不禁感嘆：「既生瑜，何生亮（既然上天生下了我周瑜，又為什麼要生下諸葛亮）？」

豎立於湖北省赤壁戰場遺跡的周瑜像。

具審慎評估力，用以輔佐吳國的政治家

張昭

- 字：子布
- 出身：徐州彭城郡
- 生卒年：西元156～236年
- 享年：81歲
- 頭銜：吳的謀臣

個性老成持重，彌補孫權的年輕氣盛。

張昭出身於徐州的名門世家，年輕時就以博學出名，深受當地士人敬重。後來為了躲避戰禍，只好移居至長江南岸的江東地區，受孫策的誠意打動而成為謀臣。

孫策臨死前，曾對孫權說：「內事不決問張昭，外事不決問周瑜」，可見孫策對張昭的信賴與器重。

孫策死後，張昭繼續效忠孫權，但因為過於一板一眼，孫權與其始終保持距離。當孫權因兄長孫策過世而嚎啕大哭時，張昭還曾為此斥責孫權。

曹操發動南征時，張昭曾經規勸孫權歸順曹操，但劉備的軍師諸葛亮來到吳後，卻勸孫權與曹操開戰，孫權舉棋不定，無法決定。

於是，張昭與諸葛亮在群臣面前展開激辯，雙方各執一詞，最後由諸葛亮占上風，張昭屈居弱勢，亟欲說服周瑜，無奈周瑜已受諸葛亮挑釁，決意與曹操軍開戰。

雖然孫劉聯軍在對抗曹操的赤壁之戰中大獲全勝，不過張昭仍維持一貫反對戰爭的立場，在孫權攻打合肥失利時，張昭亦曾勸孫權暫時休戰。

而當劉備帶著妻子孫夫人逃走時，張昭也基於「不能讓曹操有機可乘」為由，阻止孫權向劉備開戰。

唯一的例外是吳蜀兩軍爭奪荊州時，張昭曾積極提出計策，可惜最後仍以失敗收場。

諸葛亮發動北伐時，魏國曾有一段時間處於劣勢，吳軍諸將皆認為這是發兵消滅魏國的大好時機，但此時張昭卻又持保守立場，認為應與蜀國維持同盟的關係，好好休養生息，充實國力，暫緩派兵出戰。

雖然時不時與孫權的意見相左，但張昭提供孫權即位為帝的建議，最終獲得採納。

吳

孫權軍

積極鼓吹與劉備結盟的謀臣

魯肅

- 字：**子敬**
- 生卒年：**西元172～217年**
- 享年：**46歲**
- 頭銜：**孫權的謀臣**
- 出身：**徐州臨淮郡**

性格溫厚老實，但有時容易遭人利用。

魯肅出身於富裕的豪門世家，允文允武，事親至孝，而且天性善良，經常救濟窮人，並以結交有志之士為己任。

據說年輕時擔任官員的周瑜曾向魯肅懇求援助糧食，魯肅便指著家中兩座糧倉中的一座，慷慨捐贈倉糧。周瑜深感其與眾不同，遂與魯肅結為好友。

孫權成為吳的領導者時，在周瑜的推薦下延攬魯肅，魯肅主張既然復興漢朝和打倒曹操都極難實現，主公應先把目標放在掌控長江流域，接著即位為帝，最後統一天下。

此外，魯肅也建議孫權延攬諸葛亮的哥哥諸葛瑾，兩人同樣受到孫權的器重。

後來魯肅前往荊州，勸劉備與孫權結盟，劉備答應後，魯肅帶著諸葛亮回到吳，然而，魯肅夾在主戰派的周瑜和主降派的張昭之間，處境相當尷尬，加上個性忠厚老實，常被諸葛亮與周瑜間爾虞我詐的外交策略搞得暈頭轉向。

不過，魯肅主張對曹操開戰的立場，從頭到尾都沒有改變，因為魯肅始終認為投降對孫權無任何好處。之後孫權決定開戰，孫劉聯軍成功在赤壁一戰擊敗曹操軍。

赤壁之戰結束後，周瑜想盡辦法殺死劉備，但魯肅認為應讓劉備發展成為第三勢力，建議與其維持良好同盟關係。

周瑜死後，魯肅繼承周瑜地位統領大軍，直到去世前都沒有奪回荊州。

位於湖南省岳陽市的魯肅墓。

孫權軍

武藝過人又勤勉好學的武將

呂蒙

■字：**子明**

■出身：**豫州汝南郡**

■生卒年：**西元178～219年**

■享年：**42歲**

■頭銜：**孫權的武將**

德

知　　　武

勇　　　運

靠著努力出人頭地的代表
性人物。

　　呂蒙出身貧困，曾告訴母親
「不探虎穴，焉得虎子」，意思
是如果想要飛黃騰達，就要有以
身涉險的覺悟。

　　後來呂蒙加入姐夫鄧當（孫
策手下武將）率領的軍隊，參與
大小戰役，英勇的表現獲得孫策
賞識，也吸引了孫權的注意。孫
策過世後，孫權接掌大權，見呂
蒙治軍有方，便提拔他成為自己
的部將。

　　赤壁之戰中，呂蒙率領三千
士兵與甘寧一同追殺曹操，雖然
受張遼阻擋而讓曹操逃走，但順
利擊退曹仁軍。

　　之後，孫權軍與曹操軍發生
數次大戰。合肥一戰中，吳軍進
攻不利，撤兵時，呂蒙遭張遼追
擊敗逃，但奮力抗戰，保住孫權
性命。

　　兩年後的濡須口之戰，呂蒙
派一萬士兵持弩（用機械力量發
射的硬弓）抗敵，成功擋下曹操
大軍的攻勢，曹操迫不得已，只
好撤軍。

　　呂蒙屢立戰功，但因為自小
沒有機會讀書求學，因此缺乏學
識涵養。

　　某天孫權告訴呂蒙，唯有文
武雙全的人才能勝任將軍一職，
從此呂蒙發憤圖強、立志向學，
努力成為智勇雙備的將士。

　　幾年後，魯肅見到煥然一新
的呂蒙，忍不住讚嘆：「非復吳
下阿蒙（你不再是從前吳地那個
沒有學問的阿蒙了）。」

　　呂蒙聽了後便回答：「士別
三日，當刮目相看（有志向的人
每日都在求進步，隔了段時間後
應當用新的眼光重新看待）。」

　　後世便以「吳下阿蒙」比喻
人學識淺薄；「刮目相看」比喻
另眼看待。

　　魯肅病逝後，呂蒙掌握軍中
大權，出兵擊敗關羽，成功奪回
荊州。但據說遭孫權處死的關羽
冤魂依附在呂蒙身上，令呂蒙七
孔流血而慘死。

先後擊敗關羽與劉備的智將

陸遜

■ 字：伯言　　　　■ 出身：揚州吳郡

■ 生卒年：西元183～245年

■ 享年：63歲

■ 頭銜：吳的武將

擅長守株待兔的智將。

陸遜是孫策死後才投入孫權麾下的吳軍將領之一，深獲百姓的信賴，還迎娶了孫策的女兒。據說陸遜的身高184公分，是個美男子。

在呂蒙為了從關羽手中奪回荊州的策略裡，陸遜扮演相當重要的角色。

當時，呂蒙假裝生病離開荊州，將軍事大權交由沒沒無聞的陸遜代理，陸遜寫了封信給關羽，信中的用字遣詞相當恭敬謙卑，於是關羽不再提防吳軍，親自率軍攻打樊城。

呂蒙與陸遜見有機可乘，偷偷出兵襲擊荊州，關羽急忙率兵回防，但已來不及挽救，最後兵敗而死。

劉備得知後，親率大軍攻打孫吳（夷陵之戰），孫權欲命陸遜擔任總指揮迎戰劉備，又擔心諸將領不服沒什麼名氣的陸遜，因此特地在眾將面前任命陸遜為大都督。

吳蜀兩軍在夷陵僵持不下，陷入長期戰。劉備為了確保物資輸送，在後方設置了大量營寨，陸遜綜觀兩軍局勢，充分利用地勢、天候等條件，趁機施展火攻奏效，一舉擊敗蜀軍，讓劉備大敗而逃。

陸遜一心效忠孫權，孫權登基為吳國皇帝時，任命陸遜為丞相，全權負責吳國政務及對蜀的外交工作。

但後來陸遜為了冊立太子的問題，與孫權發生爭執，孫權盛怒下，多次嚴厲斥責陸遜，令陸遜憂憤而死。

位於湖北省宜昌市的猇亭（夷陵）戰場遺址。

吳

孫權軍

程普

効忠孫家三代的元老級將領

- 字：**德謀**
- 生卒年：**不詳**
- 享年：**不詳**
- 頭銜：**孫堅、孫策、孫權的武將**
- 出身：**幽州右北平郡**

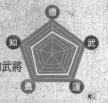

　　程普是孫家諸將中資格最老的元老級人物，手握鐵脊蛇矛，其他諸將對程普相當敬重，尊稱程普為「程公」。程普早年追隨孫堅討伐黃巾賊，後來在討伐董卓的戰爭（陽人之戰）中，代表孫堅軍與董卓軍的華雄副將胡軫交戰，殺死了胡軫。

　　孫堅死後，程普追隨孫策，在攻打劉繇的戰爭中，曾與太史慈單打數回，不分勝負。孫策死後，程普則繼續效忠孫權。赤壁之戰期間，程普與當時年紀尚輕的周瑜間有嫌隙，但之後程普逐漸認同周瑜的能力，進而尊重周瑜。合肥之戰中，孫權遭魏軍張遼追殺，千鈞一髮之際幸得程普解救。

　　程普參與過大大小小戰役，可說是孫吳將領中的核心人物。

吳

孫權軍

以苦肉計協助赤壁火攻的大將

黃蓋

■字：公覆
■生卒年：不詳
■享年：不詳
■頭銜：孫堅、孫策、孫權的武將
■出身：荊州零陵郡

　　黃蓋的武器是鐵鞭，早期追隨孫堅殲滅黃巾賊並討伐董卓。

　　孫堅死後，黃蓋協助孫策統一江東；孫策死後，黃蓋則繼續效忠孫權。

　　赤壁之戰中，黃蓋曾建議周瑜使用火攻，但其實當時周瑜早已與諸葛亮研擬好了火攻的相關戰術。

　　接著黃蓋又提議為了降低曹操戒心，願意向曹操假意投降。黃蓋故意在眾人面前違逆周瑜的命令，讓周瑜派人以棍棒杖打懲罰，在場的曹操軍間諜將此事告訴曹操，曹操於是誤信黃蓋真心欲背叛吳。

　　黃蓋藉此計順利協助周瑜火攻成功，終於在赤壁之戰中大勝曹操大軍，而這就是「苦肉計」的由來。

在鈴聲中戰鬥的猛將

甘寧

■字：興霸
■生卒年：？～西元222年
■享年：不詳
■頭銜：孫權的武將
■出身：益州巴郡

甘寧年輕時為幫派首領，性格粗暴易怒，但具有領袖風範，受部下欽慕。

據說甘寧的腰間常掛有一串鈴鐺，敵人聽見鈴聲，便嚇得逃之夭夭。

甘寧曾追隨荊州刺史劉表和武將黃祖，但由於不受器重，轉而投靠孫權。

孫權如對待元老級部將般重用甘寧，甘寧心存感激，在赤壁之戰中表現活躍。

曹操率領四十萬大軍進攻濡須口時，甘寧曾率百名精銳士兵偷襲，成功擊退敵軍，孫權因此稱讚道：「曹操有張遼，我有甘寧。」

但在對抗劉備軍的夷陵之戰中，甘寧抱病出陣，不久後不幸陣亡。

吳

孫權軍

講義氣、具膽識的勇將

太史慈

■ 字：子義
■ 生卒年：西元166～206年
■ 享年：41歲
■ 頭銜：孫策、孫權的武將
■ 出身：青州東萊郡

德　武
知
勇　運

太史慈精通武藝，尤其擅長射箭，原本是揚州刺史劉繇的部將。

孫策攻打劉繇時，太史慈與孫策單挑，誤中陷阱而遭擒，孫策對太史慈待之以禮，太史慈因而歸順孫策。

劉繇遭擊敗後，太史慈暫時離開孫策身邊，前往招降劉繇士兵，勸其歸順孫策。孫策的部下們都認為太史慈此番前去，一定不會重回陣營，沒想到太史慈真的帶著千名士兵返回，從此贏得眾人的信賴。

之後，太史慈在大小戰役中衝鋒陷陣、奮勇殺敵，但在合肥之戰對抗曹操軍張遼時，因中箭而身亡。

與孫權互相信賴的謀臣

諸葛瑾

- 字：子瑜
- 生卒年：西元174～241年
- 享年：68歲
- 頭銜：吳的謀臣
- 出身：徐州瑯琊郡

　　諸葛瑾是諸葛亮的哥哥，效忠於孫權，據說他博學多聞且孝順。

　　諸葛瑾雖與諸葛亮是兄弟，但由於所屬勢力不同，兩人總是保持距離，公私分明。

　　諸葛瑾曾經受周瑜和魯肅所託，前往劉備陣營欲說服諸葛亮投靠吳，沒想到諸葛亮卻反過來慫恿諸葛瑾投靠劉備，最後兩人都未成功。

　　曾有人警告孫權：「諸葛瑾隨時有可能叛逃至蜀」，但孫權回答：「子瑜不會背叛我，正如同我不會背叛子瑜。」

　　諸葛瑾在率軍對抗曹魏的諸多戰役中人多獲勝，身為孫吳重臣，諸葛瑾至死都沒有背叛吳。

吳
孫權軍

大喬和小喬的父親

喬玄

■ 字：公祖
■ 生卒年：西元110～184年
■ 享年：75歲
■ 頭銜：東漢的政治家
■ 出身：江東

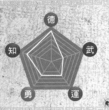

　　喬玄是大喬和小喬的父親，看人的眼光非常精準，曾一眼就看出曹操非泛泛之輩。

　　周瑜和孫權聲稱欲將孫權的妹妹孫夫人嫁給劉備，而將劉備引誘至吳伺機殺害，喬玄得知後向孫夫人的母親吳國太賀喜，吳國太原本勃然大怒，反對這門親事，但實際見了劉備後卻又喜歡上這個女婿，於是喬玄便與吳國太一同阻撓孫權謀害劉備，讓劉備與孫夫人順利成婚。

吳
孫權軍

導致吳國滅亡的皇帝

孫皓

■ 字：元宗
■ 生卒年：西元242～284年
■ 享年：43歲
■ 頭銜：吳國第四代皇帝
■ 出身：揚州吳郡

　　孫皓是孫權的孫子，吳國第四代皇帝。孫權死後，帝位先後由孫亮、孫休繼承，但是這兩代皇帝英年早逝，在位的期間都很短暫。原本群臣都相當期待孫皓的即位，沒想到孫皓酗酒成性，實施暴政，利用殘酷刑罰凌虐臣子，並大舉興建宮殿，造成民心叛離。

　　司馬炎建立晉國後，孫皓歸順司馬炎，吳國滅亡，三國時代宣告結束。

吳

孫權軍

為孫家盡心盡力的武將

呂範

■ 字：子衡
■ 生卒年：？～西元228年
■ 享年：不詳
■ 頭銜：吳的武將
■ 出身：豫州汝南郡

　　呂範原是袁術部下，後來與孫策建立深厚情誼，決定投靠孫策。孫策死後，呂範繼續為孫權效命，在赤壁之戰中非常活躍。

　　周瑜與孫權為了挾持劉備，聲稱要將孫夫人嫁給劉備時，呂範密謀暗殺劉備，卻因吳國太的反對而不了了之。

　　許多戰役中都可以見到呂範的身影，例如孫權軍與關羽交戰時，呂範負責截斷關羽退路，呂範也曾率軍擊退魏國曹丕大軍。

吳

孫權軍

為保護孫權而滿身傷痕的忠心之將

周泰

■ 字：幼平
■ 生卒年：不詳
■ 享年：不詳
■ 頭銜：孫權的武將
■ 出身：揚州九江郡

　　周泰原是名盜賊，在孫策攻打劉繇期間投靠孫策，後來又效命於孫權。

　　某次，孫策率軍遠征，留守的孫權忽然遭山賊偷襲，陷入危機，周泰拚死保護孫權，身上受了多處重傷，之後孫權便常以周泰身上的傷痕向諸將士讚其立下的功勞。

　　夷陵之戰中，周泰亦靠著單打獨鬥，殺死了曾射殺甘寧的蜀將沙摩柯。

吳

孫權軍

與殺父仇敵和解的勇將

凌統

■字：公績
■生卒年：西元189～217？年
■享年：不詳
■頭銜：吳的武將
■出身：揚州吳郡

　　凌統的父親凌操是孫權的部將，凌操在與黃祖交戰時，遭當時效命於黃祖的甘寧射殺，後來凌統繼承父親遺志進入孫權軍，甘寧也歸順孫權，兩人雖成為同袍，卻水火不容。

　　合肥之戰中，孫權遭張遼奇襲，靠著凌統拚死保護才撿回一命；濡須口之戰時，凌統一度陷入危機，幸得甘寧伸出援手順利解救，兩人終於盡釋前嫌，不再互相仇視。

吳

孫權軍

具有影響力的孫堅之妻

吳國太

■生卒年：不詳
■享年：不詳
■頭銜：孫堅的妻子
■出身：揚州吳郡

　　吳國太是孫堅的妻子、孫權的阿姨、孫夫人的母親。吳國太的姐姐（孫權的母親）也嫁給了孫堅，因此孫權視吳國太為親生母親般孝順，對其百依百順。

　　曹操揮軍南征時，吳國太曾以孫策遺言「外事問周瑜」提醒孫權，間接促成赤壁之戰的重大勝利。後來周瑜與孫權為了奪取荊州而假意將孫夫人許配給劉備，吳國太得知後非常反對，認為此舉將遭天下人取笑。但見了

劉備後，非常中意這個女婿，再加上喬玄從旁勸解，吳國太轉而贊成這樁婚事。

吳

孫權軍

絕世美女「二喬」

大喬/小喬

■生卒年：**不詳**
■享年：**不詳**
■頭銜：**大喬為孫策的妻子，小喬為周瑜的妻子**
■出身：**豫州梁國**

德
知　武
勇　運

　　大喬和小喬都是喬玄的女兒。兩人容貌姣好、閉月羞花，姐姐大喬嫁給了威震江東的孫策，妹妹小喬則嫁給了文武雙全的周瑜。

　　原本周瑜並未打算與曹操開戰，但諸葛亮以「聽說曹操一生的心願就是獲得二喬，只要把她們送給曹操，就能避免戰禍。」之言挑釁，周瑜聽了後怒不可遏，因而力勸孫權與曹操在赤壁決一死戰。

姐姐大喬

妹妹小喬

THE THREE 三國志 KINGDOMS
人物傳

東漢

其他

郭汜
李傕〔稚然〕
華雄
李儒
張梁
張寶
張角
蔡邕〔伯喈〕
孔融〔文舉〕
董承
呂伯奢
盧植〔子幹〕
朱儁〔公偉〕
皇甫嵩〔義真〕
丁原〔建陽〕
貂蟬
曹豹
王允〔子師〕
何進〔遂高〕
董貴人
獻帝劉協〔伯和〕
呂布〔奉先〕
董卓〔仲穎〕

劉焉〔君郎〕
馬騰〔壽成〕
黃祖
劉琮
劉琦
紀靈
劉表〔景升〕
陶謙〔恭祖〕
公孫瓚〔伯珪〕
袁術〔公路〕
許攸〔子遠〕
袁尚〔顯甫〕
袁譚〔顯思〕
郭圖〔公則〕
田豐〔元皓〕
文醜
袁紹〔本初〕
顏良
陳宮〔公臺〕
高順
樊稠

左慈〔元放〕
管輅〔公明〕
華佗〔元化〕
祝融夫人
張任
孟獲
張松〔子喬〕
張魯〔公祺〕
劉璋〔季玉〕

東漢

其他

殘暴不仁的將領

董卓

■ 字：仲穎

■ 生卒年：西元139～192年

■ 享年：54歲

■ 頭銜：東漢的武將

■ 出身：涼州隴西郡

勇猛過人，但卻做了許多傷天害理之事。

　　相傳董卓具有怪力，能在馬上左右開弓，曾在與黃巾賊首領張角交戰時陷入危機，蒙劉備仗義解救，但當時的劉備未具任何官銜，董卓認為劉備只是一介草民，對待他的態度相當傲慢，完全不把他放在眼裡。

　　後來討伐黃巾賊有功的大將軍何進認為政治亂象源於宦官，暗中打算剷除宦官，並請求董卓出兵協助，沒想到宦官先下手為強，暗殺何進，首都洛陽瞬間陷入混亂。

　　少帝和其弟弟陳留王（後來的獻帝）欲逃走時被董卓發現，董卓將他們帶回洛陽，這時的董卓心裡已萌生廢黜少帝，改立陳留王為帝的念頭。

　　董卓企圖獨攬大權，與反對廢少帝的丁原發生激鬥，軍隊遭丁原養子呂布擊潰，董卓以名駒赤兔馬為禮，誘使呂布叛逃，謀殺丁原。

　　呂布殺死丁原後，認董卓為義父，董卓從此軍力大增，進而廢去少帝的帝位，改擁立陳留王為帝（獻帝），開始在朝廷上呼風喚雨。

　　董卓施行暴政，荒淫無道，殺戮無數官民，搶奪財物，引發民怨，袁紹等各路勢力組成盟軍，誓言討伐董卓。

　　隨著盟軍的進攻，董卓逐漸屈居劣勢，憤而焚燒洛陽，將首都遷往長安，但仍逕行傷天害理之舉。

　　司徒王允不願見董卓繼續橫行，便以美麗的養女貂蟬作為誘餌，離間董卓與呂布，誘使呂布殺死董卓。

曾遭董卓焚毀的洛陽城現今景象。

不斷背叛主公的飛將

呂布

■ 字：奉先

■ 生卒年：？～西元198年

■ 享年：不詳

■ 頭銜：東漢的武將

■ 出身：并州五原郡

三國故事中號稱最強的武將。

　　呂布原是荊州刺史丁原的養子，何進掌握大權時，召喚丁原至洛陽，呂布也隨行在側，在洛陽遇上了董卓。董卓以名駒赤兔馬贈與呂布，利誘呂布殺死丁原投靠董卓，改當董卓養子。

　　董卓犯下了許多泯滅人性的惡行，各路勢力因而組成討伐董卓盟軍。

　　初期董卓派華雄迎擊，但華雄遭關羽斬殺，董卓又派出手握「方天畫戟」，有「飛將」之稱的呂布。

　　呂布騁馳戰場所向無敵，《三國演義》形容他「頭戴三叉束髮紫金冠，體掛西川紅錦百花袍，身披獸面吞頭連環鎧，腰繫勒甲玲瓏獅蠻帶，弓箭隨身。」盟軍一個個遭呂布擊殺，公孫瓚也差點死在其手中，直到張飛、關羽、劉備三人同時圍攻，才逼得呂布退兵（虎牢關之戰）。

　　後來董卓為了逃避盟軍追擊，放火焚燒洛陽，將首都遷至

長安，呂布雖靠著董卓的提拔而出人頭地，卻中了司徒王允設下的「美女連環計」，與董卓反目而殺死董卓。

　　呂布逃離長安後，初期投靠袁紹，卻因發生爭執而離去，此後在各地流浪，曾有一段時間成功奪取曹操領地，但之後又遭曹操奪回，呂布兵敗逃亡，轉而投靠劉備。

　　呂布歸順劉備期間，曾多次背叛劉備，曹操與劉備因而聯手攻打呂布，呂布兵敗遭擒。劉備建議將不斷背叛的呂布處死，曹操覆議，飛將呂布就這麼結束其精采的一生。

河南省呂布城的呂布點將臺，據說呂布曾在此調度兵馬。

東漢

其他

東漢的末代皇帝

獻帝 劉協

■字：伯和

■生卒年：西元181～234年

■享年：54歲

■頭銜：東漢皇帝

■出身：司隸洛陽

天資聰穎，卻在亂世中顛沛流離。

　　獻帝劉協是東漢靈帝的兒子，四歲時發生黃巾之亂，大將軍何進成功平亂，在宮中逐漸掌權。

　　靈帝死後，何進的外甥劉辯（劉協同父異母的哥哥）即位為帝（少帝），宦官與何進間的鬥爭越演越激烈，何進厚待袁紹與袁術兄弟，企圖合力殺死宦官，卻反遭宦官殺害。

　　之後，袁紹等人帶領大隊士兵衝入宮中屠殺，一舉殺光所有宦官。

　　劉協當時年僅九歲，身分為陳留王，與哥哥少帝一同被宦官張讓、段珪帶離混亂的洛陽，但兩兄弟被董卓發現，又被帶回洛陽。

　　面對董卓時，少帝嚇得什麼話都說不出口，反觀年幼的弟弟劉協，其言行舉止卻沒有絲毫畏怯。董卓因此認定劉協是個聰明的孩子，於是廢去少帝，改立劉協為帝（獻帝）。

　　董卓擁立獻帝後獨攬大權，施行暴政，引發各路勢力組成討伐董卓的盟軍。

　　董卓眼見盟軍步步進逼，感覺情勢漸將對自己不利，便挖開歷代皇帝陵墓，取走墓內的奇珍異寶，再放火焚燒洛陽，挾持獻帝並將首都遷往長安。

　　後來董卓遭呂布殺害，獻帝本以為終能恢復和平，沒想到長安又被董卓部將李傕與郭汜所掌控，獻帝試圖讓兩人反目，但並未成功。

　　為了不繼續遭到利用，獻帝逃回洛陽，但洛陽早已成一片焦土，此時曹操率軍前來，護衛獻帝前往許都。

　　獻帝雖然受到曹操保護，卻依舊是個傀儡，無法取回應有的權力。

　　曹操死後，兒子曹丕逼迫獻帝禪讓帝位，獻帝沒有其他選擇只能遵從，曹丕篡漢自立，封劉協為山陽公，東漢滅亡。

東漢

其他

遭曹操處死的獻帝妃

董貴人

- 生卒年：？～西元200年
- 享年：**不詳**
- 頭銜：**獻帝的妃子**
- 出身：**不詳**

董貴人是獻帝妃，車騎將軍董承之女（《三國演義》中寫成董承的妹妹）。董承等人密謀殺死曹操，但卻被曹操發現而失敗，一行人反遭曹操殺害。當時董貴人懷了獻帝孩子已有五個月身孕，滿腔怒火的曹操衝進宮中，竟將董貴人也殺了。

多年後，曹操臥病在床，看見一生所殺之冤魂出現，其中也包含了董貴人，飽受冤魂纏身所苦的曹操，不久就病逝了。

東漢

其他

飛黃騰達卻死於非命的大將軍

何進

- 字：**遂高**
- 生卒年：？～西元189年
- 享年：**不詳**
- 頭銜：**東漢的大將軍**
- 出身：**荊州南陽郡**

何進原本只是一般庶民，因妹妹成為靈帝的妃子且生下皇子（少帝）而成為外戚，得以進出宮廷。

黃巾之亂時，何進以大將軍的身分派遣盧植、皇甫嵩、朱儁等人前往鎮壓，成功平亂後，何進掌握政治實權，心中萌生誅殺政敵宦官的想法。靈帝死後，何進擁立少帝，同時與袁紹、董卓等人共謀殺盡宦官，但還未採取行動，就遭宦官謀害而死。

東漢

其他

慫恿呂布殺死董卓的政治家

王允

- 字：子師
- 生卒年：西元137～192年
- 享年：56歲
- 頭銜：司徒
- 出身：并州太原郡

　　王允是東漢政治家。在發生何進暗殺事件時，少帝與陳留王曾遭宦官劫出宮外，王允和其他大臣一同將少帝與陳留王接回。

　　董卓執掌政權時，王允升任司徒，表面上假裝服從，私底下欲設法除掉胡作非為的董卓。王允曾將名刀「七星寶刀」交給曹操，命其暗殺董卓，但計畫沒有成功。之後，王允想出「美女連環計」，以美若天仙的養女貂蟬居中離間董卓與養子呂布間的關係，令兩人反目，誘使呂布殺死董卓。

　　王允接著想除掉董卓的部將李傕與郭汜，卻反遭兩人揮軍攻至城下，王允不願逃走，慘遭兩人斬殺。

令董卓和呂布神魂顛倒的美人

貂蟬

呂布逝世後，貂蟬下落不明。

　　貂蟬與春秋時代的西施、西漢的王昭君、唐朝的楊貴妃（西元 719～756 年）並稱「中國四大美女」。

　　貂蟬自幼受司徒王允收為養女，學習歌舞技能，長大後容貌出眾，稱得上是沉魚落雁的絕世美女。

　　當時董卓在長安施行暴政、欺壓臣民，加上養子呂布的武藝絕倫，即使民怨四起，但沒有人敢反抗。

　　王允每日愁眉苦臉，憂國憂民，終想出「美女連環計」欲離間董卓與呂布的關係。

　　年僅十六歲的貂蟬為了報答國家和義父恩情，決定挺身而出，對付亂臣賊子，以協助計畫的進行。

　　首先王允告知呂布欲將女兒貂蟬許配給他，讓呂布與貂蟬見面；又以歌姬為名，將貂蟬獻給董卓。

　　呂布得知貂蟬將成為董卓的小妾後大吃一驚，多次私下與貂蟬見面，貂蟬一面告訴呂布「我真正愛的其實是奉先（呂布）大人」，另一邊又對董卓哭哭啼啼「千萬別把我送給呂布那個粗魯的武人」，呂布與董卓都想獨占貂蟬，原以父子相稱的兩人遂產生嫌隙，關係迅速惡化。

　　王允進一步慫恿呂布殺死董卓，聲稱只要殺死董卓，呂布就是拯救東漢朝廷的英雄，此後更可以與貂蟬長相廝守。

　　王允的計謀因此成功，呂布在貂蟬離間下，揮刀斬殺董卓，貂蟬也成為呂布的側室。

　　後來，呂布遭曹操擊敗並處死，《三國演義》中，曹操下令將呂布家人全部帶回許都，但卻沒有提及貂蟬的下落，從此貂蟬音訊全無。

　　其實貂蟬乃虛構的人物，史書上只記載呂布與董卓的婢女交往，推測與貂蟬相關的故事應是由此衍生而來。

東漢 其他

遭養子呂布殺害的政治家

丁原

■字：建陽
■生卒年：？～西元189年
■享年：不詳
■頭銜：荊州刺史
■出身：不詳

丁原擔任地方官，武藝頗有造詣，善於騎射，為人具遠謀。原本是第一猛將呂布的義父，對呂布相當器重。

董卓為了奪取丁原的軍隊，壯大自己的勢力，接受謀臣李儒的獻策，暗中煽動呂布背叛義父丁原，更唆使呂布殺死丁原。

丁原死後，呂布變節，成為董卓養子。

東漢 其他

黃巾之亂中擊殺張梁的將軍

皇甫嵩

■字：義真
■生卒年：？～西元195年
■享年：不詳
■頭銜：東漢的武將
■出身：涼州安定郡

皇甫嵩是東漢將軍，發生黃巾之亂時，受大將軍何進之命，與朱儁、盧植共同討伐賊軍，成功殺死張角的弟弟張寶和張梁，為平亂立下功勞。

當盧植遭宦官陷害入獄時，皇甫嵩亦設法解救，讓盧植得以復職。

後來，皇甫嵩在軍事上與董卓對峙，董卓掌握朝政大權時，皇甫嵩曾一度屈服；呂布殺死董卓後，皇甫嵩則協助救出遭董卓囚禁的人。

東漢 其他

平定黃巾之亂有功的將軍

朱儁

- 字：**公偉**
- 生卒年：**？～西元195年**
- 享年：**不詳**
- 頭銜：**東漢的武將**
- 出身：**揚州會稽郡**

發生黃巾之亂時，朱儁與皇甫嵩等諸將領前往各地剿滅賊軍，曾以火攻擊敗張寶和張梁兄弟；後來朱儁與張寶二度交手，又靠著劉備的協助加以擊敗，朱儁不僅靠著戰功升官，亦主動向朝廷報告劉備功績。

董卓遭到誅殺後，部將李傕與郭汜繼續為非作歹，朱儁曾設法讓李傕與郭汜反目，沒想到竟演變成李傕綁架獻帝，朱儁因此憂憤成疾，不久後就病死了。

東漢 其他

曾是劉備之師的名將

盧植

- 字：**子幹**
- 生卒年：**？～西元192年**
- 享年：**不詳**
- 頭銜：**東漢的武將**
- 出身：**幽州涿郡**

盧植是政治家也是位將軍，在文學和軍事上都有很高的造詣，曾是劉備和公孫瓚的老師。

黃巾之亂時，盧植雖破敵有功，卻因不肯行賄宦官，一度遭逮捕入獄，所幸後來獲得釋放，復歸原職。

當董卓逼迫少帝退位時，盧植曾出言反對，差一點遭董卓斬殺。

東漢

其他

遭曹操疑心殺害的名士

呂伯奢

■字：不詳
■生卒年：？～西元189年
■享年：不詳
■頭銜：曹嵩的結拜兄弟
■出身：不詳

　　呂伯奢是曹操父親曹嵩的結拜兄弟。

　　曹操企圖暗殺董卓失敗後，與陳宮一同逃亡，呂伯奢將他們藏匿家中，並吩咐家人殺豬款待，自己則外出買酒。但曹操疑心病太重，聽見磨刀的聲音，誤以為呂伯奢的家人想謀害自己，於是將呂伯奢一家和奴僕全部殺光。離開時，在半路上遇到買東西歸來的呂伯奢，一不做二不休，便將呂伯奢也殺了。

東漢

其他

企圖暗殺曹操失敗的將軍

董承

■字：不詳
■生卒年：？～西元200年
■享年：不詳
■頭銜：東漢的將軍
■出身：不詳

　　董承是董貴人（獻帝妃）的父親（《三國演義》中寫成董貴人的哥哥），曾從陷入混亂的首都長安護送獻帝前往舊都洛陽。

　　後來獻帝落入曹操手中，曹操掌握朝廷大權，獻帝想要除掉曹操，便將暗殺令偷偷縫在玉帶（古時達官貴人所配戴，以玉為飾的腰帶）裡交給董承，董承找了馬騰、劉備等人商量，但計畫外洩，董承的所有族人（包含董貴人）皆慘遭曹操殺害。

　　據說曹操晚年遭含董承在內的冤靈纏身，最後病重不治。

東漢　其他

遭曹操殺害的孔子後代

孔融

- 字：**文舉**
- 生卒年：**西元153～208年**
- 享年：**56歲**
- 頭銜：**東漢的武將**
- 出身：**豫州魯國**

　　孔融是儒家之祖孔子的後代子孫，非常擅於寫文章，據說從小就相當優秀，常說出令大人們驚訝的話語。

　　孔融在擔任北海太守期間，曾遭黃巾賊餘黨攻擊，所幸獲得劉備、太史慈率軍解圍才逃過一劫。孔融經常對曹操提出諫言，當曹操打算攻打劉備時，孔融極力反對，忍不住說出「壞人肯定贏不了好人」，曹操得知後非常生氣，下令將孔融一家處死。

東漢　其他

為董卓哭泣而遭處死的學者

蔡邕

- 字：**伯喈**
- 生卒年：**西元132～192年**
- 享年：**61歲**
- 頭銜：**東漢的官員**
- 出身：**兗州陳留郡**

　　蔡邕精通儒學、天文學和音樂且博學多聞，文筆相當優秀。

　　靈帝時代，蔡邕曾上諫靈帝，指出宦官是造成世間動盪不安的癥結之一，可惜靈帝不肯接納，將蔡邕流放。董卓掌權後，將蔡邕召回朝廷，企圖利用蔡邕的名聲來獲取天下人的支持。董卓遭誅殺時，蔡邕趴在董卓屍首哭泣，王允大怒，派人逮捕蔡邕。蔡邕懇求王允饒恕性命，期盼用餘生來撰寫史書，但王允沒有答應，仍下令處死蔡邕。

引發黃巾之亂的太平道首領

張角

■ 字：不詳

■ 生卒年：？～西元184年

■ 享年：不詳

■ 頭銜：太平道首領

■ 出身：冀州鉅鹿郡

死後遭人挖掘墳墓，砍下屍體首級。

張角是引發黃巾之亂的黃巾軍領袖，據說原本是個讀書人，始終苦無發展。

後來在山中遇到一名童顏碧眼的老人，人稱南華老仙（莊子的神格化人物），傳授仙書《太平要術》，張角徹夜苦讀，因而開創「太平道」，自稱「天公將軍」，在傳統的醫學基礎上，加入符咒、咒語等，並以符水為人治病，之後更進一步慫恿信徒們持械反抗朝廷。

東漢末年，百姓苦於苛政與重稅，對朝廷的不滿日趨高漲，再加上天災頻傳導致饑荒，許多人藉由信奉太平道，來尋求心靈慰藉。

太平道的信徒在各地迅速增加，達到數十萬人，張角便和弟弟張寶、張梁趁勢舉兵造反。

信徒們綁著黃色頭巾，口念「蒼天已死，黃天當立。歲在甲子，天下大吉」，「蒼天」指東漢，「黃天」乃張角自稱，也藉此指太平道，象徵將取代腐敗的東漢朝廷。這場起義因此被稱為「黃巾之亂」，信徒們則被稱為「黃巾軍」。

起義一開始，黃巾軍深獲民心，農民群眾紛紛起而響應，黃巾軍隊伍很快壯大，但漸漸的黃巾軍襲擊各地官府，朝廷非常緊張，於是派出朱儁、皇甫嵩和盧植等將軍，率領官兵前往鎮壓，曹操、孫堅和義勇軍領袖劉備等人也率軍加入討伐黃巾軍的行動。

相傳張角和張寶擁有法力，黃巾軍會使用妖術，還能呼風喚雨，一度令朝廷官兵陷入苦戰，無法進攻。

但不久後，戰況逐漸對黃巾軍不利，大將皇甫嵩等人圍剿黃巾軍，不到一年，就將黃巾主力消滅。

張角未能實現野心就不幸病逝，張寶和張梁也相繼戰死，黃巾之亂終獲得平定。

東漢 其他

跟隨張角造反的妖術師

張寶

■字：不詳
■生卒年：？～西元184年
■享年：不詳
■頭銜：黃巾軍地公將軍
■出身：冀州鉅鹿郡

張寶是太平道首領張角的弟弟，跟隨張角和弟弟張梁，一同

策動黃巾軍造反。

相傳張寶會施展妖術，曾以劍施法，頓時風雷大作，黑霧從天而降，一度獲勝，令劉備軍陷入苦戰。

幸得朱儁提供以動物血潑灑敵軍等破解妖術的方法，張寶妖術瞬間失靈，而遭劉備軍擊敗。張寶最後遭部下背叛，部將獻出張寶的首級，向官兵投降。

東漢 其他

遭皇甫嵩斬殺的張角么弟

張梁

■字：不詳
■生卒年：？～西元184年
■享年：不詳
■頭銜：黃巾軍人公將軍
■出身：冀州鉅鹿郡

張梁是張角三兄弟中的么弟，曾與張寶一同對抗皇甫嵩和朱儁，但因中了火計而大敗。黃巾軍首領張角在叛亂後不久病逝，由張梁繼續率領黃巾軍與官兵交戰，張梁遭皇甫嵩軍與曹操軍連續擊敗七次，最後遭皇甫嵩斬殺。

東漢 其他

幫助董卓為非作歹的謀臣

李儒

■字：不詳
■生卒年：？～西元192年
■享年：不詳
■頭銜：董卓的謀臣
■出身：不詳

　　李儒是董卓女婿，在董卓施行暴政期間，給了他許多建議。

　　董卓起初不太願意以赤兔馬為誘餌招降呂布，李儒曾勸董卓「想要取得天下，就不能吝嗇於一匹馬」，於是董卓成功將呂布納入麾下。

　　董卓迷戀貂蟬時，李儒也曾勸董卓主動把貂蟬送給呂布，但董卓沒有答應。

　　董卓遭誅殺後，李儒也遭擒而慘遭斬首。

東漢 其他

轉眼就被關羽殺死的猛將

華雄

■字：不詳
■生卒年：？～西元191年
■享年：不詳
■頭銜：董卓的武將
■出身：關西*

　　華雄是董卓手下猛將，《三國演義》中記載，華雄「身長九尺（約210公分），虎體狼腰，豹頭猿臂」。

　　當袁紹所主導的討伐董卓盟軍逼近汜水關時，華雄率領五萬士兵迎擊，殺死多名盟軍部將。

　　但後來關羽上陣，瞬間就將華雄斬殺。相傳當關羽回到營寨時，曹操事先為關羽倒好的那杯溫酒都還沒有

涼呢！

＊關西：指洛陽與長安之間，函谷關以西的地區。

155

使長安陷入混亂的董卓部將

李傕

■字：稚然
■生卒年：？～西元198年
■享年：不詳
■頭衝：董卓的武將
■出身：涼州北地郡

德
知　武
勇　運

李傕原是董卓部將。董卓遭誅殺後，李傕得知王允不肯饒恕自己，於是與郭汜先下手為強，出兵攻打長安。兩人殺死王允，掌握朝廷政權，但卻胡作非為，與董卓並無兩樣，長安陷入一片混亂。朝廷大臣施展計謀，讓李傕與郭汜互相鬥爭，獻帝於此時逃出長安，卻因此落入曹操的掌控。李傕在危急中逃至山上當起山賊，最後仍是遭擒被殺。

董卓死後建立短暫政權的部將

郭汜

■字：不詳
■生卒年：？～西元198年
■享年：不詳
■頭衝：董卓的武將
■出身：涼州張掖郡

德
知　武
勇　運

郭汜原是董卓部將，與李傕自幼相識。

董卓死後，兩人聯手攻打長安，以計謀擊退呂布後開始為非作歹。

朝廷大臣楊彪以離間計讓李傕與郭汜反目，兩人一度大打出手，但後來言歸於好，一同逃離長安，當起山賊。最後郭汜遭部下背叛，死在部下手裡。

東漢 其他

饒了同鄉一命而遭處死的部將

樊稠

- 字：不詳
- 生卒年：？～西元195年
- 享年：不詳
- 頭銜：董卓的部將
- 出身：涼州金城郡

樊稠原是董卓部將。董卓死後，樊稠追隨李傕與郭汜進軍長安，斬殺王允，趕走呂布，並做了許多殘暴不仁的事。

馬騰、韓遂率軍前來討伐，李傕與郭汜加以擊退，樊稠則負責追殺韓遂。

韓遂被追上後向樊稠求饒，樊稠見韓遂與自己同鄉，便放韓遂一馬，不料李傕得知後，認為樊稠私通韓遂，視為軍中叛徒，便將其處死。

東漢 其他

追隨呂布直到最後的部將

高順

- 字：不詳
- 生卒年：？～西元198年
- 享年：不詳
- 頭銜：呂布的武將
- 出身：不詳

高順是呂布的部將，對呂布忠心耿耿，其部下嚴守軍紀，軍備嚴整作戰勇猛，每次都能快速攻陷敵營。

下邳一戰，呂布出兵對抗曹操與劉備，曹軍夏侯惇被高順部下曹性的箭矢射瞎一隻眼，高順順利擊退曹操軍，令關羽軍潰敗。

呂布兵敗時，高順也同遭曹操捉住。行刑前曹操問

高順有何遺言，高順什麼話也沒說，就這麼遭到斬首。

幫助過曹操也對抗過曹操的謀士

陳宮

- 字：公臺
- 生卒年：？～西元198年
- 享年：不詳
- 頭衔：呂布的軍師
- 出身：兗州東郡

陳宮原是司隸中牟縣縣令，當曹操因暗殺董卓失敗而遭到逮捕時，陳宮偷偷釋放曹操並一起逃走；當陳宮目睹曹操狠心殺害無辜的呂伯奢一家後，內心唾棄曹操的為人，決定棄曹操而去。

後來陳宮成為呂布的軍師，呂布與曹操為了爭奪兗州而數次交手，雖然陳宮提出的計謀讓曹操軍陷入苦戰，最後呂布軍仍是敗北，陳宮於是跟隨呂布逃往徐州投靠劉備，但暗中建議呂布背叛劉備，奪取徐州。不久後，呂布與曹操再度為了爭奪徐州而發生戰鬥，下邳一戰，呂布大敗，陳宮與呂布被曹操捉住，曹操原想饒陳宮一命，但是陳宮自願受刑，不肯投降。

東漢 其他

遭關羽斬殺的袁紹猛將

顏良

- 字：不詳
- 生卒年：？～西元200年
- 享年：不詳
- 頭銜：袁紹的武將
- 出身：徐州瑯琊郡

顏良是袁紹軍的猛將，跟隨袁紹東征西討，屢立戰功，而與文醜齊名。

袁紹以顏良為先鋒，發兵攻打曹操，企圖打破曹操統一天下的野心。

兩軍對陣，顏良先後斬殺了曹操麾下的宋憲、魏續，還擊敗了徐晃。

當時關羽委身曹營，曹操將原屬呂布的坐騎赤兔馬送給了關羽，關羽騎著赤兔馬一上陣，轉眼間就斬殺了顏良。

袁紹出兵前，謀臣沮授曾警告袁紹「顏良想法狹隘，不適合獨領大軍」，但袁紹仍命顏良大舉進攻，後來顏良果然戰死，袁紹軍大敗。

159

東漢
其他

遭曹操擊敗的頭號人物

袁紹

■字：**本初**

■出身：**豫州汝南郡**

■生卒年：**？～西元202年**

■享年：**不詳**

■頭銜：**渤海太守等**

未善加運用有力的家世背景，因喪失人和而自取滅亡。

袁家是號稱「四世三公」的名門世家，意指連續四代都有人擔任三公（司徒、司空和太尉三種朝廷最高官職的合稱）職位。

黃巾之亂後，袁紹應大將軍何進召喚入宮，屠殺大量政敵宦官；董卓獨攬政權時，袁紹曾與董卓發生衝突，而當董卓企圖逼少帝退位時，袁紹亦曾與董卓拔劍對峙。

各路勢力組成討伐董卓的盟軍時，袁紹因出身名門而得以擔任盟主。董卓死後，袁紹一面對抗袁術，一面擴張勢力，擊敗公孫瓚後，袁紹成功統一河北四州土地，同時河南的曹操也藉由掌控獻帝而迅速壯大，袁紹與曹操之間的正面衝突，僅是時間早晚的問題。

當劉備夥同其他人密謀暗殺曹操時，曹操憤而決定起兵攻打劉備，此時袁紹軍師田豐建議袁紹派軍襲擊曹操後方，袁紹卻以孩子生病為由不想出戰，錯失擊敗曹操的大好機會。

袁紹與曹操的正面交鋒發生在黃河南岸的官渡地區。

袁紹手下的田豐、沮授、許攸等謀臣提出許多有利於袁紹軍的計策，但袁紹全都不肯採納，再加上猛將顏良、文醜都遭當時暫居曹營的關羽斬殺，導致袁紹陣營陸續出現叛逃者，許攸、高覽、張郃等人都背叛袁紹，投靠曹操，袁紹軍潰敗，不得已只好撤退。

曹操軍繼續進逼，袁紹重整兵馬，在倉亭迎擊。

袁紹的兒子袁尚奮勇作戰，卻中了曹操謀臣程昱的「十面埋伏之計」而挫敗，袁紹因此大受打擊。

這場戰役結束後，袁紹就生了重病，不久後便抑鬱而終。

袁紹臨死前並未指定繼承人，三個兒子為了爭奪繼承權而反目，曹操趁虛而入，消滅了名門出身的袁氏一族。

東漢

其他

與顏良齊名的袁紹軍猛將

文醜

■字：不詳
■生卒年：？～西元200年
■享年：不詳
■頭銜：袁紹的武將
■出身：不詳

　　文醜是袁紹麾下的猛將，與顏良齊名。白馬之戰中，文醜的同袍好友顏良遭曹操軍關羽（當時委身曹營）斬殺，文醜為了報仇而率軍出戰。

　　當時曹操派出物資輸送部隊往西前進，袁紹於是命文醜前往攻擊，但萬萬沒想到，這竟是曹操謀臣荀攸所設下的計謀。

　　文醜部隊中計後陣形大亂，曹操軍趁勢突襲，文醜雖英勇奮戰，擊退張遼與徐晃，但當關羽登場，兩人一交鋒，文醜完全不是對手，只能轉身逃走。不料關羽衝上，大刀揮落，文醜終難逃一死。

曹豹

東漢 其他

對張飛懷恨在心而投靠呂布的武將

- 字：不詳
- 生卒年：？～西元196年
- 享年：不詳
- 頭銜：陶謙的武將
- 出身：不詳

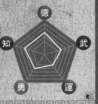

曹豹原是徐州刺史陶謙的手下，後來劉備繼承陶謙地位，曹豹改為效忠劉備。劉備出兵攻打袁術，命張飛留守徐州，臨走前囑咐張飛千萬不能飲酒，但張飛仍在留守期間舉行酒宴，還強逼不會喝酒的曹豹飲酒，曹豹拒絕並強調呂布為自己女婿，求張飛別再相逼，張飛因討厭呂布，反將曹豹狠狠鞭打一頓。懷恨在心的曹豹因而投靠呂布，指引呂布占據徐州城。喝得酩酊大醉的張飛只能倉皇逃走，曹豹本想趁勢追殺，卻遭張飛殺死。

田豐

東漢 其他

未逢明主的軍師

- 字：元皓
- 生卒年：？～西元200年
- 享年：不詳
- 頭銜：袁紹的軍師
- 出身：冀州鉅鹿郡

田豐是袁紹的軍師，博學且擅長兵法，因勸諫袁紹多次而引起袁紹反感。

官渡之戰中，田豐認為時機已錯過，就算出兵也無勝算，但袁紹不僅聽不進去，還將田豐關進牢房。

官渡戰敗後袁紹深感後悔，然而平日與田豐素有嫌隙的逢紀趁機挑撥，告訴袁紹「田豐在牢房裡竊笑」，袁紹盛怒下，下令處死田豐，田豐早已預測到自己的死期將至，在命令還沒傳到前，就已自盡。

導致袁紹軍在官渡大敗的軍師

郭圖

■字：公則
■生卒年：？～西元205年
■享年：不詳
■頭銜：袁紹的軍師
■出身：豫州潁川郡

　　郭圖是袁紹陣營的軍師，頗富機智。官渡一戰中，郭圖建議袁紹直接攻打曹操主力部隊，但戰術失敗，導致袁紹損兵折將。

　　郭圖本應負起責任，卻在袁紹面前，把過錯轉嫁給依命令作戰的張郃與高覽，兩人迫於無奈，轉為投靠曹操，最終導致袁紹軍在官渡之戰中大敗。

　　袁紹死後，兒子們為了繼承權而發生爭執，其間郭圖曾企圖打倒曹操，但終究還是兵敗被斬。

東漢

其他

被曹操玩弄於掌心的袁紹長子

袁譚

■字：顯思
■生卒年：？～西元205年
■享年：不詳
■頭銜：袁紹的武將
■出身：豫州汝南郡

　　袁譚是袁紹的長子，擔任青州刺史。

　　袁紹雖溺愛三子袁尚，但病逝前並沒有決定繼承人，兄弟間為了爭奪繼承權而互相攻打。

　　袁譚曾率軍對抗曹操，曹操為了讓袁譚、袁尚兄弟自相殘殺而故意退兵。

　　果然不出所料，袁譚出兵攻打袁尚，但反遭擊敗。不久後，曹操揮軍攻打袁譚，袁譚兵敗，遭到斬首。

東漢 其他

受袁紹看重的俊美么子

袁尚

- 字：顯甫
- 生卒年：？～西元207年
- 享年：不詳
- 頭銜：袁紹的武將
- 出身：豫州汝南郡

　　袁尚是袁紹的第三個兒子，據說長得非常俊美。在倉亭一戰中，袁尚與徐晃部將史渙單挑，殺死了史渙。

　　袁紹病逝後，袁尚幾經波折成為正式繼承人，但與哥哥袁譚間的嫌隙越來越深，袁家澈底分裂。後來，袁尚先後遭袁譚和曹操擊敗，只好投靠二哥袁熙。曹操步步進逼，袁尚不斷撤退，最後遭公孫康斬殺，並將首級送給曹操。

官渡之戰導引曹操獲勝的舊友

許攸

- 字：子遠
- 生卒年：？～西元204年
- 享年：不詳
- 頭銜：袁紹的謀臣
- 出身：荊州南陽郡

　　許攸是袁紹的謀臣。袁紹與曹操兩軍爆發官渡之戰時，許攸曾向袁紹提出各種計謀，但袁紹全部不採納，許攸大為失望，於是暗中向老友曹操投誠。

　　許攸將袁紹的兵糧輸送計畫告訴曹操，曹操大喜過望，立即率領精銳部隊攻擊袁紹的糧草庫，袁紹軍因而大敗。

　　許攸自以為立下大功，從此目中無人，某天曹操的貼身護衛許褚氣不過，便殺死許攸。

東漢 其他

因自私而滅亡的領袖

袁術

■ 字：公路
■ 生卒年：？～西元199年
■ 享年：不詳
■ 頭銜：東漢的武將
■ 出身：豫州汝南郡

　　袁術是袁紹的弟弟，向來與袁紹不睦。

　　袁術的個性自私且自大，參加討伐董卓盟軍時曾刻意不發糧草給擔任先鋒的孫堅，並對關羽和張飛惡言相向。

　　後來袁術先後向袁紹和劉表索求援助，全都遭到拒絕，袁術懷恨在心，於是慫恿孫堅出兵攻打劉表。

　　此外，袁術也曾發兵攻打劉備，但因為沒有遵守原先與呂布的約定，最後反遭呂布與劉備兩軍聯手對抗。

　　孫策以其父親孫堅在洛陽井中拾獲的「傳國玉璽」作為交換條件，向袁術商借兵馬，袁術因而登基為帝，定國號為「仲」。

　　但天下群雄多數不承認袁術的帝位，於是袁術發動戰爭，但卻屢戰屢敗，臨死前想要喝一口蜜水，手下卻回答：「只有血水哪有蜜水！」袁術嘆息不已，最終滿腹憂憤而死。

東漢
其他

遭勁敵袁紹打倒的北方之雄

公孫瓚

■字：伯珪
■生卒年：？～西元199年
■享年：不詳
■頭銜：東漢的武將
■出身：幽州遼西郡

德
知　武
勇　運

　　公孫瓚是北平太守，曾參與討伐董卓的盟軍。

　　公孫家是劉備出身地幽州的名門世家，公孫瓚年輕時曾與劉備一同追隨盧植學習儒學，之後當劉備帶著關羽、張飛加入盟軍時，公孫瓚曾將三人介紹給盟主袁紹。

　　公孫瓚在虎牢關一戰中曾遭遇危險，所幸獲得張飛解救，而撿回一命。

　　後來公孫瓚見袁紹統率的盟軍雜亂無章，於是帶著自己的兵馬離開，但遭袁紹設計而陷入危機，幸得劉備前來解圍。

　　公孫瓚與袁紹交戰多次，卻次次落敗，最後只能堅守於城池之內，然而城內遭人放火，許多士兵逃去無蹤，孤立無援下，公孫瓚最終只能選擇自盡。

將徐州讓給劉備的刺史

其他

陶謙

■ 字：恭祖
■ 生卒年：西元132～194年
■ 享年：63歲
■ 頭銜：徐州刺史
■ 出身：揚州丹陽郡

　　陶謙為徐州刺史，曾參與討伐董卓的盟軍，性格溫厚和善、待人誠懇。

　　曹操父親曹嵩原住在徐州，陶謙眼看曹操的勢力日益壯大，於是派部下前往保護曹嵩，沒想到部下竟將曹嵩殺害。

　　曹操得知後暴跳如雷，發兵攻打徐州，更遷怒於平民，下令士兵屠殺百姓。

　　陶謙軍隊節節敗退，劉備發兵前來援救，同時呂布也趁曹操出兵，攻打其根據地兗州，曹操不得已只好撤兵，徐州之危因而解除。

　　不久後，陶謙生了重病，將徐州的治理權託付給劉備，就過世了。

東漢

其他

推行善政的領導者

劉表

■字：景升
■生卒年：西元142～208年
■享年：67歲
■頭銜：荊州刺史
■出身：兗州山陽郡

　　劉表身高約 186 公分，具儒者風範，是漢朝皇氏宗親。

　　年輕時喜歡結交文人雅士，在士人間享有很高的名望，所統治的荊州比起其他州郡和平得多，再加上學術風氣興盛，吸引了許多想要逃避戰禍的民眾，其中不乏司馬徽、諸葛亮之類的優秀人才。

　　然而，劉表曾受袁紹所託，強行搶奪孫堅所持之傳國玉璽，還曾拒絕提供軍糧給袁術，因而招來孫堅和袁術的憎恨。

　　孫堅在袁術支持下出兵攻打荊州，劉表勉強加以擊退。

　　後來劉表收留了遭曹操追殺的劉備，當曹操欲發兵攻打荊州時，劉表就病逝了。

東漢

其他

與關羽平手但敗給張飛的猛將

紀靈

- 字：不詳
- 生卒年：？～西元199年
- 享年：不詳
- 頭銜：袁術的武將
- 出身：山東*

＊山東：指山東半島一帶。

紀靈是袁術麾下的猛將，所持武器為重約11公斤的三尖兩刃刀（刀頭分三叉的長刀）。

袁術派紀靈率軍攻打徐州時，劉備也在徐州，紀靈與關羽單挑，最後不分勝負。後來，袁術兵敗力微，欲投靠袁紹，途中遭劉備軍攻擊，紀靈遭張飛擊敗而戰死。

東漢

其他

追隨劉備的劉表長子

劉琦

- 字：不詳
- 生卒年：？～西元209年
- 享年：不詳
- 頭銜：劉表的武將
- 出身：兗州山陽郡

劉琦是荊州刺史劉表的長子。繼母蔡氏基於繼承權問題而欲謀害劉琦，劉琦心中懼怕，於是向諸葛亮求助，諸葛亮建議劉琦以防守江夏為由，舉家移居江夏避禍。

後來劉備軍在長坂坡之戰中遭曹操擊潰，劉琦曾率軍前來救援，但劉琦體弱多病，赤壁之戰結束後不久就病逝了。

東漢 其他

繼承劉表地位卻遭殺害的次子

劉琮

- 字：不詳
- 生卒年：不詳
- 享年：不詳
- 頭銜：荊州刺史
- 出身：兗州山陽郡

　　劉琮是劉表的次子。原本劉表選定由劉琮的哥哥劉琦作為繼承人，但在劉琮的親生母親蔡氏和武將蔡瑁等人的密謀下，在劉表病重時，斷絕劉表與劉琦的來往，遂改由劉琮繼承地位。

　　後來曹操攻打荊州，劉琮不戰而降，將荊州獻給曹操。曹操命令劉琮遷居至青州，劉琮無奈下只好和母親一同啟程，但兩人在途中，遭曹操命部下于禁殺害。

東漢 其他

遭前部下殺死的武將

黃祖

- 字：不詳
- 生卒年：？～西元208年
- 享年：不詳
- 頭銜：劉表的武將
- 出身：不詳

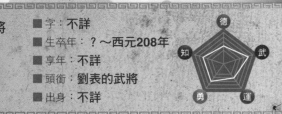

　　黃祖是劉表麾下的武將。在孫堅軍攻打荊州時，遭孫堅部將黃蓋擒獲，後來，劉表軍殺死孫堅，孫堅軍要求以黃祖換回孫堅遺體，黃祖因而撿回一命。

　　但也因為這個緣故，後來孫權軍部將都十分憎恨黃祖，孫權為了報殺孫堅之仇，起兵攻打黃祖，黃祖遭投靠孫權的前部下甘寧所殺。

東漢 其他

圖謀暗殺曹操的勇將

馬騰

■字：壽成
■生卒年：？～西元211年
■享年：不詳
■頭銜：西涼太守
■出身：司隸扶風郡

馬騰是蜀漢五虎大將之一馬超的父親，擁有強烈正義感，在

討伐董卓的盟軍中表現活躍。董卓死後，馬騰曾率兵攻打李催與郭汜。曹操靠著掌控獻帝而手握大權時，馬騰在許都與董承等人密謀暗殺曹操，後來雖事跡敗露，但因馬騰已回到西涼，所以逃過一劫。之後曹操採納謀臣荀攸的計謀，將馬騰引至許都，馬騰一到許都，就遭到曹操殺害。

東漢 其他

讓劉備成為義勇軍領袖的人物

劉焉

■字：君郎
■生卒年：？～西元194年
■享年：不詳
■頭銜：幽州太守
■出身：荊州江夏郡

劉焉是漢朝皇族後裔，官封幽州太守。

爆發黃巾之亂時，劉焉在鄉里間貼出公告，招募討伐黃巾賊的義勇軍，劉備就是在此時投身義勇軍之中。

劉焉得知劉備也具有皇族血統，對他另眼看待。不久後，黃巾賊來犯，劉焉命令劉備領軍出戰，這正是劉備生平的第一場戰役。後來劉焉成為益州牧，但不久後就病逝了。

東漢 其他

遭劉備奪走領土的益州牧

劉璋

- 字：季玉
- 生卒年：？～西元219年
- 享年：不詳
- 頭銜：益州牧
- 出身：荊州江夏郡

　　劉璋是益州牧劉焉之子，由於性格懦弱，被曹操形容為「看門狗」。

　　劉焉死後，劉璋繼承父親地位，成為益州牧。

　　當時，曹操、張魯等勢力皆覬覦益州，劉璋接受謀臣張松建議，向劉備尋求援助。

　　然而，後來劉璋得知張松竟私下勾結劉備，欲將益州治理權拱手讓給劉備，勃然大怒下處死張松。

　　之後，劉備軍攻打益州，戰爭持續長達兩年之久，劉璋不願益州百姓繼續受苦，於是歸順劉備。

　　劉備在占據益州後，命劉璋遷居荊州。

歸順曹操的五斗米道首領

張魯

■字：公祺
■生卒年：？～西元216？年
■享年：不詳
■頭銜：五斗米道首領
■出身：豫州沛國

　　張魯是五斗米道的領袖。五斗米道是一個宗教組織，為道教的根源之一，信徒要入教必須奉獻五斗米（約9公升），所以稱為「五斗米道」。

　　張魯在漢中，靠著為人治病和分發糧食給窮人，凝聚廣大的農民與信眾，建立起強而有力的組織。

　　曹操攻打漢中時，張魯曾反抗一段時間，最終仍是投降。從漢中撤退時，手下曾經勸張魯把倉庫裡的物資財寶全部燒毀，但張魯認為這些東西都屬於國家，不能擅自毀壞，後來曹操進城，看見倉庫裡的物資財寶都完好封存，對張魯心存感激，便對其十分禮敬。

協助劉備奪取益州的謀士

張松

■字：子喬
■生卒年：？～西元213年
■享年：不詳
■頭銜：劉璋的近臣
■出身：益州蜀郡

　　張松是益州牧劉璋的近臣，長相醜陋，卻足智多謀。

　　在五斗米道領袖張魯表現出欲攻打益州的野心時，張松曾向曹操求援，但曹操見張松其貌不揚，對其相當輕視，於是張松轉而建議劉璋，尋求劉氏宗親劉備派軍援助。

　　劉備同意支援後，張松極力提供資源，幫助劉備掌握益州狀況。實際上張松內心認為劉備比劉璋更適合統治益州，所以暗中牽線欲讓益州落入劉備手中，劉璋得知後大怒，下令處死張松。後來劉備果然攻下益州，在此建立蜀國。

東漢

其他

遭諸葛亮擊敗七次的南蠻王

孟獲

- 字：**不詳**
- 生卒年：**不詳**
- 享年：**不詳**
- 頭銜：**南蠻王**
- 出身：**南中**[*]

*南中：大致為現今的雲南省。

　　孟獲是稱霸益州南方地區的南蠻王，深受當地人信服。據說出戰時身上總掛著兩把寶劍，頭戴金冠，穿著華麗服飾，騎乘捲毛赤兔馬。

　　孟獲在魏國曹丕的慫恿下，起兵反抗蜀國，與親自率軍鎮壓的諸葛亮交戰七次，次次都敗北遭擒。

　　諸葛亮考量，若留得孟獲性命，不但能確保南蠻各族不會造反作亂，也能就此穩固南方。於是每次捉住孟獲，都讓孟獲觀看蜀軍陣營後將其釋放，孟獲一次又一次向諸葛亮挑戰，還曾向鄰近勢力求援，但沒有一次成功。

　　最後孟獲終於醒悟，於是向諸葛亮發誓絕不再造反。

抗戰到底的劉璋近臣

張任

- ■字：不詳
- ■生卒年：？～西元213年
- ■享年：不詳
- ■頭銜：劉璋的近臣
- ■出身：益州蜀郡

　　張任是劉璋麾下的名將。某次劉備與劉璋舉行酒宴，劉備的軍師龐統企圖派魏延在席前舞劍，伺機殺害劉璋，張任看苗頭不對，快步上前舞劍，因此保住劉璋性命。

　　劉備派兵攻打益州時，張任奮勇抗戰，雖然成功靠伏兵射殺劉備軍師龐統，但最後仍是兵敗遭擒。

　　劉備希望招降張任，但張任認為「忠臣不事二主」，堅持不肯投降，諸葛亮為了保全張任名聲，於是下令處死張任。

與孟獲並肩作戰的女戰士

祝融夫人

- ■生卒年：不詳
- ■享年：不詳
- ■頭銜：孟獲的妻子
- ■出身：不詳

　　祝融夫人是南蠻王孟獲的妻子，手持丈八長標，並擅長拋擲飛刀，背上插有五把飛刀，據說百發百中。

　　祝融夫人不僅關心丈夫，而且驍勇善戰，曾騎乘捲毛赤兔馬上陣，活捉張嶷與馬忠，然而後來祝融夫人中了諸葛亮的計謀遭擒，孟獲只好拿張嶷、馬忠換回妻子。祝融夫人也曾詐降欲謀害諸葛亮，但並未成功，後來隨夫歸順。

東漢

其他

號稱神醫的傳奇人物

華佗

■字：元化
■生卒年：？～西元208年
■享年：不詳
■頭銜：醫生
■出身：豫州沛國

　　華佗是名醫生，據說有著童顏白髮的外貌，他的醫術十分高明，相傳某次看見路旁有人面露痛苦之色，一眼便知那人是因為便祕，於是華佗開藥讓其服下，瞬間治好便祕。

　　華佗在《三國演義》中多次登場，例如孫策麾下的周泰受了重傷，得到華佗醫治，一個月就痊癒了；關羽在樊城之戰中受到箭傷，華佗主動拜訪，為關羽刮骨療傷，關羽欲以金錢酬謝，華佗卻主張自己是因為敬重關羽的忠義才這麼做，堅持不肯收下。

　　曹操晚年經常頭痛，延請華佗前來醫治，華佗言「欲治療此疾，需將頭部切開治療」，曹操聽後大怒，認為華佗想要謀殺自己而予以嚴刑拷打，最後華佗承受不了，就這麼失去生命。

能夠預測未來的占卜師

管輅

- ■字：公明
- ■生卒年：不詳
- ■享年：不詳
- ■頭銜：占卜師
- ■出身：冀州平原郡

管輅

左慈

　　管輅擅長命相之學，能夠精準說出他人的壽命長短，但長相醜陋，嗜酒如命。

　　曹操中了左慈的妖術後日漸衰弱，延請管輅前來占卜，管輅說中牛的位置、頭痛的原因、武將的死亡、蜀軍的來襲、許都的大火等，令曹操感到相當驚訝，欲任命其為太史（負責記錄歷史的官員），但遭管輅拒絕。

　　管輅最後預言了夏侯淵的死亡後便離開了，從此下落不明。

東漢

其他

將死訊告知曹操的方士

左慈

- ■字：元放
- ■生卒年：不詳
- ■享年：不詳
- ■頭銜：方士
- ■出身：揚州盧江郡

　　左慈是名方士（研究神仙、煉丹等法術的人），道號「烏角先生」。在曹操派人修築魏王宮時，左慈突然出現，在曹操面前施展了許多神奇的法術，曹操感到遭受戲弄，下令將左慈關入牢房。但不管如何拷打，甚至不給食物飲水，左慈依舊泰然自若，彷彿無事發生。左慈戲弄曹操一段日子後，忽然就離開了，臨走前預言了曹操的死期，此後，曹操便臥病在床，經常出現幻覺。

《三國志》中所記載的日本古代國家 邪馬臺國

正史《三國志》〈魏書‧東夷傳倭人條〉（又稱〈魏志倭人傳〉，參閱第 8 頁）一節中，詳細記載了日本在西元 2 ～ 3 世紀時的情況，若對照三國故事的情節，當時諸葛亮已辭世，司馬懿正往外擴張勢力。

根據記載，西元 2 世紀末，日本（倭國）存在許多小國，彼此間互相爭戰，直到擁立邪馬臺國的女王卑彌呼為共同領導者後，才逐漸恢復和平。

據說卑彌呼能聽見天神之聲，靠著占卜和巫術統治著約由三十個小國所組成的聯合王國。卑彌呼沒有結婚，由弟弟協助政務的推動。

身上有刺青。

▶ 中國的使者。

一年四季嗜吃野菜。

氣候溫暖，百姓赤腳不穿鞋。

▲那時候已開始耕種稻米。

倭國居民分成「大人」和「下戶」兩種身分，當下戶對大人說話時，必須拍手和跪拜。當時的社會沒有小偷，民眾間也很少發生爭執。

西元 239 年，卑彌呼派出外交使者前往魏國，獻上奴隸和布疋，魏國皇帝（曹叡）則賜予卑彌呼「親魏倭王」的稱號，並送上金印、銅鏡等寶物。

後來，邪馬臺聯合王國與南方的狗奴國發生戰爭，魏國本想派出軍使協助，但卑彌呼卻在戰爭期間去世了。

邪馬臺國由一名男性國王繼位，國家再度大亂，於是改擁立卑彌呼的親人，一名十三歲的少女「壹與」，國家才再度恢復安定。

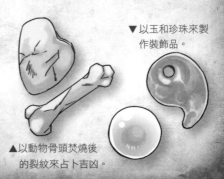

▼以玉和珍珠來製作裝飾品。

▲以動物骨頭焚燒後的裂紋來占卜吉凶。

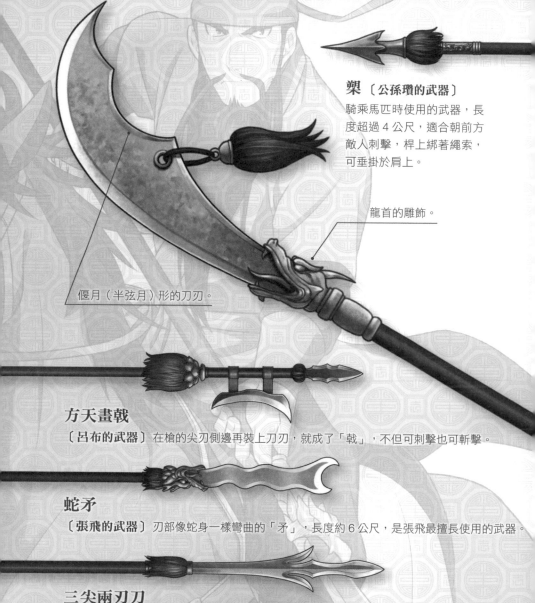

三國群雄所使用的武器

槊 〔公孫瓚的武器〕

騎乘馬匹時使用的武器，長度超過 4 公尺，適合朝前方敵人刺擊，桿上綁著繩索，可垂掛於肩上。

龍首的雕飾。

偃月（半弦月）形的刀刃。

方天畫戟

〔呂布的武器〕在槍的尖刃側邊再裝上刀刃，就成了「戟」，不但可刺擊也可斬擊。

蛇矛

〔張飛的武器〕刃部像蛇身一樣彎曲的「矛」，長度約 6 公尺，是張飛最擅長使用的武器。

三尖兩刃刀

〔紀靈的武器〕刀頭分三叉，刀口分兩刃的長柄武器，可以擋住敵人的武器後翻轉再折斷。

三國時代的英雄使用什麼樣的武器？讓我們來看
看這些武器的特徵吧！

大斧〔徐晃的武器〕

鐵製的刃部相當沉重，又稱作「鉞」，可以斬斷敵人鎧甲，
徐晃曾以此武器和關羽打成平手。

刀

真正三國時代的刀，大多是短柄無鍔的直刀（刀
刃不彎曲），但到了《三國演義》成書的明朝，
士兵則大多使用有鍔的彎刀，因此《三國演義》
書中所畫的刀，大多是像這樣的彎刀。

青釭劍

劍刃根部刻著「青釭」兩字
的寶劍，原為曹操所有。曹
操將青釭劍賜予夏侯恩，後
來夏侯恩遭趙雲殺死，青釭
劍落入趙雲手中。曹操還有
另一把寶劍，名為「倚天」。

青龍偃月刀〔關羽的武器〕

刀刃的形狀像偃月（半弦月），
刀柄前端有龍首的雕飾。

鐵蒺藜骨朵〔沙摩柯的武器〕

南蠻將領所使用的鐵製棍棒。揮舞時尖刺不僅可以勾落敵人頭盔，還可從盔甲縫隙刺入，對敵人造成傷害。

鐵鞭〔黃蓋的武器〕

敲擊用的武器，整根以鐵製成，上頭的環節可用來抵住敵人的武器，雖然沒有尖刃，但能打得敵人頭破血流、筋斷骨折。

連弩

諸葛亮所發明的具臺座移動式機關弩，據說一次可射出十根箭矢，但詳細的外形和內部結構已失傳。

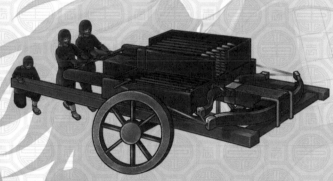

衝車

一根長槍狀的「巨鎚」自帳頂垂吊下來，是用來打破城門的大型兵器，攻擊的原理類似寺廟的撞鐘。

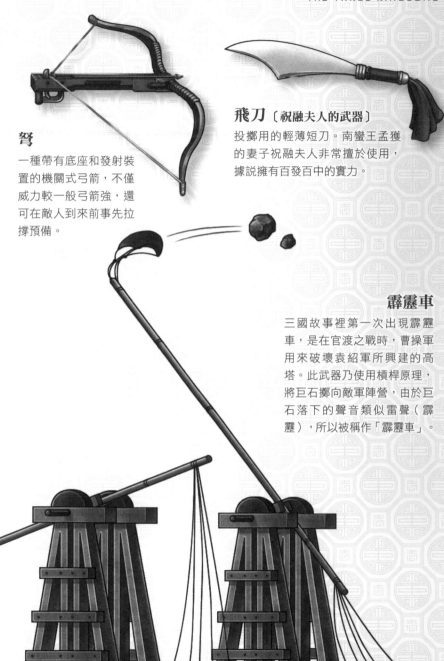

三國群雄所使用的武器

弩

一種帶有底座和發射裝置的機關式弓箭，不僅威力較一般弓箭強，還可在敵人到來前事先拉撐預備。

飛刀〔祝融夫人的武器〕

投擲用的輕薄短刀。南蠻王孟獲的妻子祝融夫人非常擅於使用，據說擁有百發百中的實力。

霹靂車

三國故事裡第一次出現霹靂車，是在官渡之戰時，曹操軍用來破壞袁紹軍所興建的高塔。此武器乃使用槓桿原理，將巨石擲向敵軍陣營，由於巨石落下的聲音類似雷聲（霹靂），所以被稱作「霹靂車」。

三國相關的成語和典故

髀肉復生

釋義 感慨久處安逸，壯志未酬而虛度光陰。

故事 劉備投靠劉表期間，發現大腿（髀）竟長出贅肉，不禁感慨年歲漸長，越來越沒機會騎馬四處征戰，復興漢朝更是遙遙無期，不禁流下眼淚。

例句 爸爸退休後過著清閒的日子，不禁感嘆髀肉復生。

三顧茅廬

釋義 比喻竭盡禮數、誠心延攬有才能的人或敬重賢能之士。

故事 劉備三次前往諸葛亮居住的草屋（茅廬）拜訪，最終以誠意打動其心，成功延攬其為軍師。

例句 總經理三顧茅廬，終於尋得理想的人才。

如魚得水

釋義 比喻得到投契的人或適合的環境，就像魚和水般的契合。

故事 關羽和張飛看到劉備與諸葛亮形影不離，很不是滋味，於是劉備便對兩人說：「孤之有孔明，猶魚之有水也。」（我有孔明，就像魚得到了水）。兩人聽後，從此不再抱怨。

例句 班長做起事來得心應手，如魚得水。

許多成語出自三國的故事情節中，並在現代延伸出其他的比喻和意義。

苦肉計

釋義 ▶ 故意損傷自己以騙取他人信任的計謀。

故事 ▶ 赤壁之戰開打前，吳將黃蓋以「遭脊杖之刑，承受身體的疼痛」之計詐降，瞞過曹操博得信任，順利讓周瑜火攻船艦的計謀成功。

例句 ▶ 那只是他的苦肉計，千萬別上當了！

白眉

釋義 ▶ 形容眾人中較為優秀傑出的人才。

故事 ▶ 赤壁之戰結束後，掌控荊州南部的劉備成功延攬優秀的馬家五兄弟為部下，五兄弟中特別優秀的馬良，因眉中有白毛，所以有「白眉」之稱。

例句 ▶ 他的才能出眾、表現卓越，頗具白眉之姿。

揮淚斬馬謖

釋義 ▶ 為了維持整體紀律而狠下心腸懲處某人。

故事 ▶ 街亭一戰中，馬謖違反諸葛亮的命令，導致蜀軍大敗，雖然諸葛亮十分器重馬謖，但為了維持軍紀，只能流著眼淚處死馬謖。

例句 ▶ 他犯下的錯誤實在太過嚴重，團隊只好揮淚斬馬謖，請他離開。

死諸葛走生仲達

釋義 用以比喻聰明的人，略施小計就能震懾住他人。

故事 諸葛亮在五丈原之戰期間病逝，蜀軍以諸葛亮的木偶詐騙敵軍，讓司馬懿（仲達）誤以為諸葛亮還活著，擔心設有陷阱而不敢追趕，蜀軍因而順利撤退。

例句 他略施計謀，就讓歹徒棄械投降，真可說是死諸葛走生仲達。

危急存亡之秋

釋義 比喻生死存亡的緊要關頭。

故事 諸葛亮發動北伐前，上呈《出師表》給皇帝劉禪，文中寫著「益州（蜀國）國力衰弱，正處於危急存亡之秋」，顯示其不成功便成仁的決心。秋天是收割的季節，象徵非常重要的時期。

例句 社團正處於危急存亡之秋，若再招不到新團員就得廢社了。

吳下阿蒙

釋義 比喻人學識淺薄。

故事 戰場上的呂蒙勇猛殺敵，卻因缺乏讀書的機會而少學識涵養，受到主公孫權的鼓勵，呂蒙開始努力向學。幾年後，呂蒙變得學識淵博，連謀臣魯肅都大為吃驚。

例句 幾年不見，你的各項能力皆如此突出，早已非吳下阿蒙。

三國相關的成語和典故

兵貴神速

釋義 軍事行動要求迅速，便可掌握先機。

故事 曹操打敗袁紹後，袁紹的兒子袁熙和袁尚逃往北方，曹操謀臣郭嘉建議以機動性高的輕騎兵發動突襲，讓對方無喘息的機會。曹操照做後，果真順利平定河北。

例句 快攻戰決勝的條件就在於兵貴神速。

翻白眼

釋義 此處為藐視、瞧不起之意。

故事 阮籍曾在魏國任官，但由於討厭鬥爭，毅然決然退出。他非常討厭只重視儒家表面禮節的司馬氏，每當看見司馬氏或欲討好司馬氏的人，就會忍不住翻白眼，只有見到自己欣賞的人，才會露出黑眼珠。

例句 因為事情被搞砸了，他生氣又無奈的狂翻白眼。

勢如破竹

釋義 比喻順利進行，毫無阻礙。

故事 晉國司馬炎的部下杜預欲出兵攻打吳國，雖遭到其他人的反對，但杜預主張：「我軍氣勢正旺，只要出兵必能勢如破竹。」後來杜預率軍出征，果然順利消滅吳國。

例句 哥哥的籃球隊勢如破竹，打敗無數敵手，連贏多場比賽。

190

監修 **渡邉義浩**
日本早稻田大學理事、文學學術院教授，專業領域為古典中國。著作有「全譯後漢書」系列（主編，汲古書院，2001年～2016年）共19冊等。

編著 **入澤宣幸**
不僅是作家也是位編輯。編著的書籍有《THE武士圖像超百科》（學研PLUS）、《大魄力！以照片與圖畫看懂三國志》（西東社）等。

翻譯 **李彥樺**
日本關西大學文學博士。現任臺灣東吳大學日文系兼任助理教授。從事翻譯工作多年，譯作有《喵嗚～漫畫論語教室》、「COMIC恐龍物語」系列及「中小學生必讀科學常備用書：NEW全彩圖解觀念生物、地球科學、化學、物理」系列、《就是愛變魔術！讓你變身人氣王的漫畫圖解魔術百科》、「數學漫畫」系列（以上皆由小熊出版）等。

審訂 **曹若梅**
國立臺灣師範大學歷史系畢業，現任明湖國中歷史教師，擔任國立編譯館國中歷史教科書編輯委員，並曾執筆於仁林公司社會科課本、國語日報歷史故事專欄、國語青少年月刊和國語週刊。

童漫館

歷史漫畫 三國志 〈別冊〉圖解英雄事典

監修：渡邊義浩（早稻田大學文學學術院教授）｜編著：入澤宣幸
翻譯：李彥樺｜審訂：曹若梅（歷史老師）

總編輯：鄭如瑤｜文字編輯：姜如卉｜美術編輯：張簡至真｜行銷主任：塗幸儀
社長：郭重興｜發行人兼出版總監：曾大福
業務平臺總經理：李雪麗｜業務平臺副總經理：李復民
海外業務協理：張鑫峰｜特販業務協理：陳綺瑩｜實體業務經理：林詩富
印務經理：黃禮賢｜印務主任：李孟儒
出版與發行：小熊出版·遠足文化事業股份有限公司
地址：231新北市新店區民權路108-2號9樓
電話：02-22181417｜傳真：02-86671851
客服專線：0800-221029｜客服信箱：service@bookrep.com.tw
劃撥帳號：19504465｜戶名：遠足文化事業股份有限公司
Facebook：小熊出版｜E-mail：littlebear@bookrep.com.tw
讀書共和國出版集團網路書店：http://www.bookrep.com.tw
團體訂購請洽業務部 02-2218-1417 分機1132、1520
法律顧問：華洋法律事務所／蘇文生律師
印製：天浚有限公司
初版一刷：2020年4月｜初版五刷：2020年10月
定價：380元｜ISBN：978-986-5503-28-4

Sangokushi_Bekkan Sangokushi Visual Eiyu Jiten
©Gakken
First published in Japan 2019 by Gakken Plus Co., Ltd., Tokyo
Traditional Chinese translation rights arranged with Gakken Plus Co., Ltd.
through Future View Technology Ltd.

國家圖書館出版品預行編目 (CIP) 資料

歷史漫畫三國志. 別冊, 圖解英雄事典 / 渡邊義浩監
修 ; 入澤宣幸編著 ; 李彥樺翻譯.
初版. -- 新北市：小熊出版：遠足文化發行, 2020.04
200面 ; 21×14.8公分. -- （童漫館）
ISBN 978-986-5503-28-4（平裝）
1.三國志 2.人物志 3.漫畫

622.301   109001234

小熊出版官方網頁

小熊出版讀者回函

THE THREE KINGDOMS